諸世界の戦争

――平和はいかが？

BRUNO LATOUR

WAR OF THE WORLDS — WHAT ABOUT PEACE?

ブリュノ・ラトゥール　著
工藤晋　訳
近藤和敬　解題

以文社

Contents

Contents

凡例

一、原文の“　”は「　」で、‘　’は｢　｣で示した。

一、原文の大文字の単語は〈　〉で示した。

一、原文のイタリック体は傍点で示したが、傍点については文意や論旨をわかりやすくするために訳者が付したところもある。

一、訳者による補足は［　］で示した。

一、原注は†1、†2、訳注は＊1、＊2と表記した。

諸世界の戦争

——平和はいかが？

Chapter I

九一一

教訓が色あせることはないようだ。ポール・ヴァレリー[*1]が「我々文明なるものは、今や、すべて滅びる運命にあることを知っている」と予言的に述べたのはいつだったか？ それはあの大戦争［第一次世界大戦］直後のことだった。それ以来多くの恐るべき災いが生じてきたとはいえ、はかなくもかけがえのない日々の暮らしがまたも攻撃されそうだとなると、やはり私たちは動揺する。二〇〇一年の九月以来、人はあの日と同じ九一一という緊急コールを呼び続けている。当然だ、私たちは緊急事態に突入してしまったのだから。それを守るために闘う価値があると思うものはなぜかくも脆いのだろうか、私たちはその理由を探そうと半狂乱になって辺りを見回している。ハリウッドの映画台本作家が、想像を遥かに超えた深刻な現実を前にして、自分の天変地異のシナリオが突然低俗に見えてきて慌てて書き直したというニュースを読んだことがある。

＊1 ポール・ヴァレリー（Paul Valéry 一八七一―一九四五） フランスの詩人、小説家、評論家。フランス第三共和政を代表する知識人。主な著作に評論『レオナルド・ダ・ヴィンチ論』（塚本昌則訳、二〇一三年、ちくま学芸文庫）、小説『ムッシュー・テスト』（清水徹訳、二〇〇四年、岩波文庫）などがある。ラトゥールによる引用は、評論「精神の危機」所収の「第一の

かつていかなる価値に対しても辛らつな一撃を仮説的に与えたときには黄金の輝きをみせたニヒリズムにしても同様である。ニヒリズムがまさに「私たち」――まさにユー・エス［アメリカ］――を襲撃し、文明と呼ばれるものを虚無の危機に晒しているいま、その怠惰な批評はいささか浅薄に見えないだろうか？破壊された瓦礫の山にさらなるデコンストラクションを加える必要があるだろうか？　自慢のハンマーを手にして相手に挑みかかろうと腕を振りまわし、その強力な批評の武器であらゆるもの――帝国であれ信仰であれ、物神崇拝であれ、イデオロギーであれ、イコンであれ、偶像であれ――を破壊しようと手ぐすね引く勇猛な偶像破壊主義者は、自らが打ち倒そうとしたものが、そうした前衛的批評と全く無縁の人々の手によってすでに粉々に粉砕されてしまった状況にあって、自分がなんとも間抜けに見えないだろうか？　その批評衝動はどこに行ってしまったのか？　まったく的を射外してしまったのではなかろうか？

手紙」の書き出しの一文である。邦訳に『精神の危機 他十五篇』（恒川邦夫訳、二〇一〇年、岩波文庫）がある。翻訳の引用は、同書七頁による。

「戦争」という言葉を誰もが口にする。最初のうちは気が滅入るが、口々に叫ばれるその言葉に飛びつくようになるときがあるようだ。「非常事態（イマージェンシー）」という語には「現れ出る（イマージェント）」という語が隠れている。この喫緊の事態から何があらわれ、「明るみに出され」ようとしているのか？　戦争のただなかにいることを自覚するとき、私たちは、多くの人々がよりいっそう平和な未来を思い描きあらゆる国民があいまいな近代主義的理想に収れんする、という自己満足から引きずり出されるのかもしれない。いや結局のところ、西洋人は全地球を近代化することなどできないのかもしれない。それは、西洋人が自分たちの文明という狭い領域に永遠に幽閉され、万人の万人に対する闘争のなかであらゆる他者に脅かされるという意味ではない。彼らは全世界を統一し、容認されたひとつの共通世界をつくるための確実な原理を所持していると性急に思い込んでいたということを意味するのだ。すでに存在している平和な同盟が粉々に破壊されたというわけではない。私たちはただ、同盟はつくられなければならないということを想起させられているのだ。それは単純に遵守されるものではない。統一とは自明であるどころか、闘って勝ち取られる未来の可能性以上のものではない。それは外交努力の最終結果であって、議論の余地のない出発点ではありえない。

巧妙で刺々しいこの小論における私の主張は、結局のところ戦争状態にある方が好ましい、というものである。つまり、戦争など存在しないと想像し、進歩や近代性や発展について際限なく——かくも高尚な目標に到達するために支払う代価を理解せずに——語り続けるよりも、なされるべき外交の仕事について考えることを強いられる方が好ましいのである。私たちは戦争状態にあるのですね？ その通り。すると最終的に三つの問いが浮上するだろう。戦争に関わっているのは誰なのか？ 彼らの戦争の目的は何か？ 最後にもっとも重要な問いだ。平和をどのように考えるのか？ 私たちは不当に破壊された平和に直面しているわけでも「文明どうしの戦争」に直面しているわけでもない、と私は言いたい。そして、私たちはまず諸世界の戦争 a war of the worlds がいわゆる「近代」——この括弧入りの近代——を通じて猛威をふるい続けてきたという事態を探測する必要がある、と私は言いたい。今のところ、私たちが間違った側にいることを証明するものはなく、またこの戦争に勝つことができないことを証明するものもない。ただ確実に言えるのは、この戦争は、こそこそ隠れてなされるのではなく白日の下に遂行される必要があるということだ。あたかも戦争などまるで存在せず、ただ西洋的な自然な〈理性〉を平和的に拡張するために警察力を使ってあまたの〈悪の帝国〉と戦い、それらを封じ込め、転向させせようとしているだけであるかのように振る舞うとしたら、それは最悪の方向である。自分たちが近代的だといまだに信じている人々は往々にしてそうした過ちを犯す。一方、もし私たちが近代化の戦争を終結させようとすればお先真っ暗だろうとか、前近代的野蛮や無分別な暴力の応酬があらわれるだろうなどと言っている場合でもない。そうではない。必要とされるのは、私たちがずっと戦ってきたあの古くからの戦争についての新しい認識なのである——新しい交渉と新しい平和のために。

Chapter II
ひとつの自然／多くの文化という分割によって与えられる間違った平和

もし私たちが戦争状態にあるならば、その争いの当事者は誰なのか？　かつて事情はもっと単純だった。当事者どうしの意見の不一致、争議、習慣や言語の違いがあったにせよ、人間は意識せずにひとつの共通世界、形質人類学がかなり明確に説明する自然世界を共有していた。そうした自然の統一を背景に、社会人類学や文化人類学が扱う多くの多様な文化が浮き彫りにされた。博物館の白い壁面がそこに陳列される数々のエキゾチックな仮面の差異を引き立てるのを助けるように、それら多様な文化は総観的に比較された。バントゥー族とバウレ族であれ、フィンランド人とラップランド人であれ、カリフォルニア人とブルゴーニュ人であれ、彼らは人類として分類される共通の遺伝子、神経系、筋肉、骨格、生態系、進化といった構造を共有していた。文化的差異が光り輝くとすれば、それは自然の統一が共通の分母を提供していたからであった。

人間の自然世界から人間以外の自然世界に目を移すとき、この共通分母はいっそう議論の余地なきものであった。たしかに専門家や学問分野どうしの意見の不一致の可能性はあっても、究極的には（単数の）世界という外部の自然について彼らに異存はなかった。多様な特異性を示すさまざまな文化が存在していたが、少なくとも必然的法則をもったただひとつの自然が存在したのである。人間同士の争いとは、それらがいかに広範囲に及んだとしても、多様な諸文化がひとつの生物物理学的自然について抱く表象、観念、印象といったものの範囲にとどまっていた。意見の違いや不一致、激しい紛争があるとしてもそれらはみな人間の心のなかの主観に端を発するものであり、決して、世界、その物質的現実性、その全体的秩序、その存在論を巻き込むものではなかった。世界はその構成において――いや、そうではない！　正確には、自然において――手を触れることのできないものであった。

言い換えれば、近代というこの祝福された時代において、さまざまな差異はそれほど深く追求されなかった。それらは世界それ自体にさほど影響を及ぼすものではないから重要ではなかったのだ。合意は容易ではないにせよ原理的にいつでも可能であった。意見の相違や激しい紛争でさえ、この統一し平定する自然にもう少し目を向け、その自然について人間が抱いているさまざまに矛盾した主観的な観念からもう少し目を逸らせれば、和らげられ、沈静化されることができたのだ。もし教育や理性的な討論や注意深い調査を通じて、あのひとつの当たり前（ナチュラル）の物質的な現実を討論のなかに持ち込むことができさえすれば、感情は鎮まっただろう。つまり感情的な多様性から安堵に満ち理性的で同意される現実へといつでも移行できたのである。人間の特徴として多様な宗教や権利や慣習や諸芸があるとしても、人間は、科学や技術や経済や民主主義によって提示される統一と平和のこの安息地にかならず身を寄せることができたのである。私たちは感情によって引き裂かれても、私たちをふたたび統一する理性に頼ることができる。子供を育てる方法は多種多様かもしれないが、胚発生はひとつである。したがって、争議が発生するとき、私たちは科学的客観主義、技術的能率性、経済収益性、民主主義的議論といったものの度合いを増大すればよい。そうすればその争議はたちどころに収まるだろう。

だが現在、こうした解決策が、現在進行中の共通世界の組み立て作業（と私はポリティカルに呼んでいるのだが）に関する問題をどこまでうまく処理できるかどうか、わからない。というのも結局、作業はすでに終了しており、統一はすみずみまで完成していたからである。世界はすでにひとつであり、近代化に抵抗するわずかな抵抗勢力を説得する仕事が残るだけだった——その仕事がうまくいかなければ、そう、残存勢力はきまって文化多様性、伝統、排他的宗教感情、狂気といった尊重すべき「諸価値」として保存された。つまり、博物館、保護区、病院のなかに回収され、多かれ少なかれ主観的な事例としてレッテルを貼られたのである。彼らが自らの客観性を主張して本当の世界の一員として元の場所に戻る見込みはなかったから、彼らを保護しても自然の統一を脅かすことはなかった。打ち倒された君主の妻子が一生修道院に幽閉されたように、彼らは重要な国事への参加を永遠に禁じられた。

人類学者、学芸員、医者、芸術家といった人々は、世界秩序において権利を主張するぞと脅したりしなかったから、こうした多様な特異性を「尊重する」贅沢を楽しむことができた。たしかに夥しい戦争はあったが、世界はただひとつだったのであり、それだからこそ、ひとつの地球、ひとつの普遍的人類、人権、人類の権利について、ためらうことなく語ることができた。諸世界の戦争など、そう遠くない過去には存在しなかっただろう。多様性は寛容によって処理されることができた――だが、かなり相手を見下す寛容であった。というのも多くの文化は、自然の単一世界 the one world of nature なる物議をかもす定義に関わろうとする存在論的主張を禁じられていたからである。地方的紛争に巻き込まれる多くの戦争の当事者たちは存在したが、確実なことがひとつあった。そこには〈理性〉によって把握される〈自然〉という唯一の裁定者がいたのである。

もちろん、そうした争議の審判が偏っているかもしれぬという若干の疑念はあった。おそらく、単数であるこの世界、〈科学〉、〈技術〉、〈市場〉、〈民主主義〉、〈博愛〉、〈人権〉の世界――すなわち〈人間〉の世界――は、帝国主義的とまではいかなくともいくぶん自己中心的、あるいは北米白人的とまではいかなくともいくぶんアメリカ的であった……。統一化は、誰の目にも明らかなように、いささか不平等なやり方で進行し、世界を統一化する作業は、世界の諸文化のうちたったひとつのもの、西洋というあいまいな名前をもつ文化に委託(何かを委託などした覚えなど誰にもないのだが)された。どんなに奇妙に思えても、この委託それ自体は大方の西洋人やその得意先にとってさほど衝撃的ではなかっただろう。なぜなら、そもそも「西洋」とは自然に特権的に接近し、すでに完成された自然の統一化に与ることができるがゆえに、他の諸文化「のなかの」ひとつではなかったからだ。ヨーロッパ人、アメリカ人、オーストラリア人、ひいては日本人は、たしかに自らを独自の文化集団と考えるだけの文化的特徴を備えていたが、彼らが自然へ接近するとなれば、そうした表面的な差異はたちどころに消えた。もし「西洋化」に異議が申し立てられ、それが拒絶されたとしても、「近代化」は疑いなく人類の共有財産であった――そして「近代化」が議論の的となったとしても、「自然化（ナチュラリゼイション）」はより深くゆるぎない基本事実であった。

すなわち、近代化や自然化に身を任せることは、なんらかの帝国主義への屈服や、なんらかの文化規範の意識的な模倣ではなく、理性によって把捉される自然に根差した、統一化のためのあきらかな根源に接近することを意味していた。この解決策は、共通世界の客観的根源に直接つながることであり、統一により近づくことであった。発展途上国の人々も、先進国の人々も、さまざまな地域に移住したり科学や技術や市場や民主主義を取り入れたりしたとき、自分たちがほかの民族に服従しているとは感じなかった。彼らは近代化に服従していたのだ。そして近代化はあらゆる文化遺産と決別したがゆえに、有無を言わせぬ単一的自然の劇的な登場をもたらしたのである——あたかも、多くの文化形象によって不器用に描かれた色とりどりのカンバスの裂け目から、ついに真実が輝き出したかのように。

しかしこの平和な近代主義政治学には若干の障害があった。すなわち自然は魅力と意味を失ってしまったのだ！　私たちが「近代」と呼ぶこの奇妙な時代が抱える矛盾のすべてがそこにある——それは、振り返れば歴史を駆動する力には見えず、ひとつの歴史的エピソードの不完全な表象として終焉に向かっている。というのも自然は統一化をもたらす即効薬であったにせよ、いざそれを推進しようとする者たちの目には、根本的な意味の欠如という重大な欠陥が露呈したからだ。客観的事実の非情な本質には味も香りもなく、それはなんら人間的な意味をも帯びていない。近代主義者たちはこのことを十分に自覚していた。そしてある種の自虐的喜びをもってそれを認めさえした。彼らは身震いしながら喜々として言った、「偉大な科学的発見によってわれわれは自分の住む小さな村からどんどん引き離され、われわれがその中心を占めることのない凍てついた世界秩序（コスモス）のおそるべき無限空間へと放り込まれるのです」と。結局のところ選択の余地はなかった。近代化によって、人々は、色とりどりの要求、種々雑多な世界観、豊かな儀式慣習をそなえた生活様式の消滅を嘆くことを余儀なくされた。「でも涙を拭きましょう、」と近代主義者たちはよく口にした。「大人になろうではありませんか。人間性は神話に包まれた子供時代をあとにして、〈科学〉、〈技術〉、〈市場〉の非情な現実に踏み込んでいるのですから。つまりはこういうことなのです。みなさんが多様な文化にしがみつくならば、争いは止むことはないでしょう。一方、統一性と共通世界を受け入れるならば、自然に（このことばのすべての意味において）この世界は意味を失うでしょう。残念ながらふたつにひとつなのです。」だが、二〇世紀における世界戦争の形而上学的起源のひとつは、西洋がすべての紛争を平定しようとしてただひとつの共通世界に訴えるという、この奇妙なやり方にあったのではないだろうか。理性によって把握される自然は統一するがその統一は意味を失うという不可能なジレンマに、近代化促進主義者たちは近代化の対象とされた人々とともに自らを封じ込めたわけだが、その不可能なジレンマに引き裂かれるとき、果たして人は平和に生き延びることができるのだろうか？

近代化戦線の抗いがたい前進には大きなメリットがあった。つまりそれによって「私たち」と「彼ら」との区別が、重大で根本的な断絶として捉えられるようになったのだ。「自民族中心主義」という用語は、定義上、反植民地主義者やポスト・コロニアリストの主張とはうらはらに、西洋には適用できない。なぜなら、西洋の中心はいかなる特定の文化によってではなく、自然によってつくられているからである。たしかに自民族中心主義はデカルトの言う良識（コモン・センス）のごとくこの世のものでもっとも公平に配分されていて、あらゆる民族や国民は貿易、統治、排斥といった他者との関係をもつ際に自らを中心に置き相手を周辺に置くものではあるが、西洋だけは、そうした運命を逃れたと考えられた。レヴィ・ストロース[*1]がしばしば指摘していたように[†1]、西洋人以外のあらゆる人間は、少なくとも民族であるという意味において基本的に同等であったが、近代主義者にとって事情は違った。ロイ・ワグナー[*2]が主張したように、西洋人以外の人間は「諸民族」であり「諸文化」をもっていたが、「私たち」西洋人は「半分」しか文化に根差していなかったのである。西洋は、歴史上はじめて、単独で、明白な中心の位置を占めたのだが、その中心の起源には特定の民族集団はなかった。まさにそのことによって、「彼ら」――自分たちの文化の狭い領域に幽閉され、自然という統一原理をつかむことのできない囚人――と「私たち」――ある程度目立った文化的特徴を帯びてはいるが、〈科学〉〈芸術〉〈経済〉をゆっくり拡張させることによって統一性という基盤、自然という確固たる核心、あらゆる歴史の背景まで辿り着いた隠れた力量のある人々――との区別が可能になった。近代化する西洋は「自然中心主義」あるいは「理性中心主義」であったと言えるだろうが、これほど非自民族中心主義である政治的編成は他にはなかった。それゆえに近代化する西洋は、生まれついた民族集団

*1　クロード・レヴィ＝ストロース（Claude Lévi-Strauss　一九〇八―二〇〇九）フランスの人類学者、民族学者、哲学者。主な著書に『親族の基本構造』（福井和美訳、二〇〇〇年、青弓社）、『悲しき熱帯』（I・II、川田順造訳、中公クラシックス）、『野生の思考』（大橋保夫訳、一九七六年、みすず書房）、『神話論理』（全五冊、吉田禎吾・早水洋太郎・渡辺公三・木村秀雄他訳、みすず書房）などがある。

†1　Lévi-Strauss C., *Race et histoire*, Paris, Denoël.

にかかわらず誰に対しても、驚くべき寛容さで、自分と同じように普遍的になるチャンスを与えた。科学的客観性、技術的効率性、経済的収益性の仲立ちによって、誰もが、祖先を持たぬ土地、しきたりのない民族集団、国境なき国に加わることができた。それは、批判と理性的議論の強力な働きによって統一する自然にアクセスできる理性の国であった。

だがその結果、生きることの意味は置き去りにされた。父も母も不在の祖国に組み入れられるにつれて、そこに付随するさまざまなものの意味が消えていったからだ。奇妙なパラドックスである。一般的人間を発見しようと地球上をくまなく探し回った末に、それが見出されるや否や、その人間は、自らがただの動物的、生物物理学的、遺伝子的、ニューロン的自然——せいぜい社会生物学的ダーウィニズムの機械装置——に過ぎないことを理解して失望させられた。統一するが意味を欠く自然と、意味に満ちているが客観的現実を支配する権利が与えられない諸文化との矛盾を、解消はできなくとも緩和するための

［クロード・レヴィ＝ストロース、ミシェル・イザール『人種と歴史／人種と文化』（渡辺公三、三保元、福田素子訳、二〇一八年、みすず書房）］

＊2　ロイ・ワグナー（Roy Wagner　一九三八—二〇〇八）アメリカの文化人類学者。主な著書に『文化のインベンション』（山崎美恵・谷口佳子訳、二〇〇〇年、玉川大学出版部、以文社より新版刊行予定）がある。

解決策は、「文化」を聖なるものとみなすことであった。諸文化の愛好、保護、尊重、再構成、ときにはゼロからの復興さえもが始まった。

しかし忘れてはならないのは、文化という概念は関係的だということである。さまざまな民族集団はキャベツやカブなどと同じレベルの［自明な］存在論的カテゴリーに属しているわけではない。文化とは他者との関係を保つさまざまな方法のひとつに他ならない。それは他者性についてのひとつの見方であって、唯一の見方ではない。多文化主義は単一自然主義とでも呼ばれるべきものの裏返しに他ならない。多文化主義は大きな寛容を示しているように見えるが、そこには当然、文化というかたちで人々が自らの存在を維持するために支払わねばならない代償が隠されている。「おそらくあなた方は意味を所有しておられるでしょうが、」と人々は告げられた。「もはや現実を所有されてはいません。あるいは、あなた方が捉えられない世界を表象する象徴的、主観的、集団的、観念的なかたちで、現実を所有されているだけなのです。ところが私たちは現実を客観的につかむことができるのです。誤解なさらぬように。あなた方にはあなた方の文化を愛する権利があります。しかし他の方々にも同じ権利があるわけで、すべての文化は私たちによって平等に価値を与えられているのです。」尊敬と無関心のこうした結合のうちには、ダナ・ハラウェイ[*3]によって正当に批判された文化相対主義の偽善的尊大さが認められるだろう。さまざまな文化的差異は、文化相対主義者の目には現実的な違いがあるものとは映らない。なぜなら自然が、どこかで、確実で必然的な諸法則によって、現実を統一しつづけているからだ。たとえそれらの諸法則が、人間の気まぐれと恣意的なカテゴリーが至るところに生み出した喜ばしき文化的所産ほど魅力的で意味に満ちたものではないとしても。

近代化がその頂点に達したときの状況はつぎのように要約されるだろう。(1)自分たちの象徴的表現に囚われている人々がどう考えようと、私たちはすでに統一された特権的な自然世界を所有した。(2)自民族中心主義から免れている西

＊3　ダナ・ハラウェイ（Danna Haraway　一九四四―）イェール大学にて生物学の博士号を取得。一九八〇年にカリフォルニア大学サンタクルーズ校人文科学部意識史課程教授就任、現在同大学特別名誉教授。科学技術論、フェミニズム論など領域横断的な研究で知られる。主な著書に『猿と女とサイボーグ　自然の再発明［新装版］』（高橋さきの訳、二〇一七年、青土社）、『犬と人が出会うとき　異

洋だけが、警戒と憤慨と謙遜と忍耐と関心を同時に示す眼差しで、この共通世界を回避したさまざまな文化習慣について熟考した。⑶そして私たちは多くの文化が提示する豊かな多様性から多くを学んだが、それらの文化はすべて同等であり、共通の自然という現実の構成には関わっておらず、その構成は文化に左右されない科学者、技術者、経済学者、民主主義者らの手にしっかりと委ねられた。⑷近代化のさらなる特典として、いかなる紛争、現実の戦争、現実をめぐって争われる戦争もあり得ないということを前提とした和平提案が私たちに示された。というのも危機に瀕するのは複数の世界ではなく、ただひとつの世界についての多くの象徴的表現に過ぎなかったからだ。統一はすでになされており、普遍的自然が全体に広がれば、ただちに和平合意が結ばれるだろう。最後に、⑸この普遍的自然は人間的意味をもたないので、さまざまな価値と情熱をもちいて事実と理性からなる非情な世界を美しく豊かに装飾するために、文化的保守主義は必要不可欠なものとなった――ただしもちろん、それらの文化がいかなる存在論的主張もおこなわないという条件付きであるが。要するに

種協働のポリティクス』（高橋さきの訳、二〇一三年、青土社）、『伴侶種宣言　犬と人の「重要な他者性」』（永野文香訳、二〇一三年、以文社）などがある。

これらが、単一自然主義と多文化主義との協働によって示された、失われた世界の姿である。「単数の世界は私たちのもので、複数の世界はあなたたちのものです。あなたたちの争議が大きくなりすぎたら、非情の現実世界がそれを鎮めるためにやって来ますように。」奇妙な和平提案である。そもそも戦争の存在を認めなかったのに。

Chapter Ⅲ

単一自然主義から多自然主義へ

近代化という物語——ここ二、三世紀に暴力的発作を起こした物語——を振り返ってみると、さまざまな戦争が信じられない規模で引き起こされたにもかかわらず、その物語はいかに平和であったかと感嘆せざるを得ない。これは矛盾ではない。さまざまな意見の不一致が広く拡散しなかったからこそ、西洋は基本的に平和だった。意見の不一致は表象（リプリゼンテーション）のレベルにとどまるものであり、実体（サブスタンス）すなわち世界の構造そのものに影響することはなかった。哲学者然と述べるならば、危機に瀕したのは「第二性質」であって決して「第一性質」ではなかった。[*1] ガリレオやニュートン、パスツールやキュリー、果てはオッペンハイマーの支持者にとって、政治的対立はつねに——スティーヴン・ワインバーグにとってさえ[*2]——猛火としてあらわれるが、そこに客観的科学を少々投入しさえすればいつでも消し止めることのできるものであった。紛争がどんな

＊1　イギリスの哲学者ジョン・ロックによる認識の性質に関する定義。第一性質とは、認識とは独立した客観的にそなわ

に深刻であろうと、私たちの感情や表象の仕方の違いといった小さな壁のすぐ向こうに平和はある、と西洋人はみな信じていた。戦争の目的などどうやって定義できるだろう。戦争などまったくなかったのだ。ただ「他者」だけが古めかしい主観的感情に駆られて戦争状態にあっただけの話だ、と。

近代主義者が享受してきたこうした内的平和の感覚、すなわち戦争があったとしてもそれは科学をめぐる戦争ではなく、世界に諸戦争があったとしてもそれは世界どうしの戦争ではない――ＳＦ小説は除いて――という感覚がいかに安堵と満足と安定をもたらすものかを、私たちはすでに忘却してしまった。彼ら先達にとって、拭い去ることができない紛争の原因など存在していなかった。あるいは原因があったとしても、それを主観的なものと解釈し、心理的に分析し、私たちの内的自我という個人的深層に葬ってしまうことがいつでも可能であった。それは西洋が「宗教的平和 religious peace」を用いて首尾よく管理した領域である。たしかに宗教は分断をもたらす。しかし宗教はそこに世界を巻

る性質で硬さや延長、形、運動と静止、数などを指す。第二性質は、色や音、味、香りなど、第一性質によって生ずる多様な感覚の力で主観的な性質を指す。ジョン・ロック『人間悟性論』(上下、加藤卯一郎訳、一九四〇年、岩波文庫)を参照のこと。

＊2　ガリレオは地動説を、ニュートンは万有引力を、パスツールは乳酸酵母菌を、キュリーはウラン以外の放射線を、オッペンハイマーはブラックホールや原爆を、ワインバーグは電弱理論を、それぞれ研究・発見・開発した。パスツー

き込むことはない。個人の救済を巻き込むだけだ。自然が真の宗教——すべての人が賛同するもの——となるために、既成の宗教はたんなる文化となる必要があった。互いに寄り添って生きるということは、すでに確立された共通世界の再調整ではなく、たんに他者の奇妙な慣習や意見や感情を受容すること——それらが彼らの脳内劇場の狭い枠にとどまっている限りではあるが——を意味していた。寛容な社会の創出、なんと申し分のない解決策だろう。

しかしこうした解決策は、もはや近代主義の支配下に生きていない人々にとっては意味をなさない。近代主義とその歴史はさまざまに解釈されようが、私は、「近代主義」とは西洋が関与した出来事についての時代遅れの一解釈とみなすのが一番だろうと確信するようになった。つまり、トクヴィル[*3]やフランソワ・フュレ[*4]にとってフランス革命が革命的にはみえなかったように、西洋は決して近代的ではなかったのだ。近代主義とは、出来事にたいする、ときとしてまったく相反するさまざまな動機からうまれた極端に偏った解釈に他ならな

ルについて、ラトゥールは『科学が作られているとき——人類学的考察』(川崎勝・高田紀代志訳、一九九九年、産業図書)や *Pasteur : guerre et paix des microbes*, 2011, La Decouverte（以文社より邦訳刊行予定）などで中心的に論じている。

＊3　アレクシ＝シャルル＝アンリ・クレレル・ド・トクヴィル（Alexis-Charles-Henri Clérel de Tocqueville　一八〇

い。たしかに近代主義は、過去に何が起きていたのかを解説するときに今なおもち出され、出来事に輪郭を与えようとするときに非常に有効である場合もあるが、西洋が地球上のあらゆる民族や生物や無生物の総体を巻き込むようになった奇妙な経緯を正確に説明しなかった。たとえば、解放や発展や旧き束縛からの離脱を求める戦争の叫びと、人間と人間以外のもの（ノン・ヒューマン）とのあいだにつねに拡大し続ける西洋特有の紛糾とのあいだにどうやって折り合いをつければよいのだろうか。人類学者は以下の三つの現象のどれに焦点を合わせるべきだろうか。過去の足枷からついに解放された近代主義者たちの自画自賛のおしゃべりか？　その非常の現実が法と科学と技術と情念と社会的紐帯とのますます不分明な混合物に日々浸食しつつある状況か？　それとも、常に拡大する人間と人間以外のもの（ノン・ヒューマン）とのもつれに干渉したりそれを加速させたり隠蔽したり混乱させたりするような、倒錯した語りに人類学者は従うべきなのだろうか？　いずれを選択するにせよ、ひとつの解釈の視点としての近代主義と、近代主義が解釈したと永らく言い張った出来事とのあいだに重なり合うところはない。普遍

五―一八五九）フランスの政治思想家。裁判官や国会議員、外務大臣など三権をそれぞれ経験した。主な著書に『旧体制と大革命』（小山勉訳、一九九八年、ちくま学芸文庫）、『アメリカのデモクラシー』（全四巻、松本礼二訳 二〇〇五―二〇〇八年、岩波文庫）などがある。

＊4　フランソワ・フュレ（François Furet　一九二七―一九九七）フランスの歴史学者。フランス革命の研究で知られる。主な著書に『フランス革命を考える』（大津真作訳、二〇〇〇

的理性の要請にあらわれた亀裂を通じて、いまや「西洋」とは似ても似つかぬ奇形の怪物が姿を現す。その怪物はもはや人類学者の目になじみあるものではなくなり、内なる平和とそれにともなう「他者」からの完全に非対称的な隔たりを失っている。いまや「彼ら」は「私たち」とそっくりなのだ――それによって私たちはついに、彼らと戦争状態になる。ではそこにいかなる戦闘の展開が予想されるのだろうか？

数年前にジャーナリストたちが唱えたスローガンはまことに的を射たものである。「サイエンス・ウォーズ」が起きているのだ。はじめはティーカップのなかの嵐のように見えたものは大変動の小さな前兆であることが明らかになった。この大変化を要約すれば、近代主義はより多くの事実根拠[*5] matters of facts を世界に満たしていくものとして考えられていたが、いまや近代主義は事態状況 states of affairs とでも呼ぶべきものであふれかえっている、ということなのである。事実（ファクト）という根拠は、向こう側（アウト・ゼア）にある客観的自然に訴えて合意

年、岩波モダンクラシックス）、『マルクスとフランス革命』（今村仁司・今村真介訳、二〇〇八年、法政大学出版局）などがある。

＊5　『社会的なものを組み立て直す　アクターネットワーク理論入門』（伊藤嘉高訳、二〇一九年、法政大学出版局）

をもたらすものと考えられていたのだが、かつて事実であったものの多くが合意ではなく異議をもたらす論争点となってしまい、それらを収拾するために半ば法的あるいは半ば政治的な手続きが必要になってしまったのだ。事実とはもはや政治紛争に止めを刺す手段ではなく、それ自体を安定させる必要のあるものになってしまった。語源的に説明すれば、社会や政治の領域のまったく外側にあると考えられていた「客観的事実（オブジェクツ）」は今や「モノゴト（シングズ）」、すなわちヨーロッパのあらゆる言語において res/causa/chose/aitia/ding などの単語が明示している、集合・論争点・憂慮の原因・データ・訴訟といった意味の混ざり合った「モノゴト」になってしまったのだ。かつては議論の余地のない事実を強力に導入することによって不穏な政治的感情を鎮めることが可能だったのだが、いま可能なのは、激しく議論される事態状況を持ち込んで、荒れ狂う感情の火に油を注ぐことだけだ。平和の泉はもはや「向こう側（アウト・ゼア）」にはない。さらに、諸文化はもはやただの文化にとどまろうとはしない。私たちはいまや、諸世界の戦争に直面している。単一自然主義はつい十年前ほどに信じられない怪物に

では、matter of fact は、matter of concern（〈議論を呼ぶ事実〉）と対比されるものとして、〈厳然たる事実〉と訳されている。

よって置き換えられてしまった。すなわち（エドゥアルド・ヴィヴェイロス・デ・カストロ[*6]の造語を使えば）多自然主義である。多自然主義は多文化主義によって開始された――そして多文化主義が、その前提となる偽善的寛容とともに木っ端みじんに吹き飛ばされたあとに――悪魔的舞踏に加わった。もはや誰も、寛大に取り扱われることを求めてはいない。もはや誰も、自然化する者によって利害と無関心の眼差しで監視される「他のさまざまな文化のなかの」ひとつの文化にすぎない者であることに耐えることはできない。現実はふたたび、緊急の検討課題となったのである。

「グローバリゼーション」と「フラグメント化」というふたつの言葉がワンセットでうんざりするほど反復されるのは、この変動の時期にあらわれる際立った特徴である。こうした「グローバルな戯言[*7]」を真剣に考えないとしたら間違いである。そのどちらも統一性の危機と多様性の危機を示しているからである。グローバリゼーションについて現代の言説が提供するお粗末な見立てと

*6　エドゥアルド・ヴィヴェイロス・デ・カストロ（Eduardo Viveiros de Castro　一九五一―　）ブラジルの文化人類学者、民族誌学者。リオデジャネイロ連邦大学ブラジル国立博物館教授。主な著書に『食人の形而上学　ポスト構造主義的人類学への道』（檜垣立哉・山崎吾郎訳、二〇一五年、洛北出版）、『インディオの気まぐれな魂』（近藤宏・里見龍樹訳、二〇一五年、水声社）などがある。

*7　原語はgloballoneyで

はうらはらに、ヨーロッパ人にとって大きな意味のあるいくつかの目立った目印を参照するならば、一七九〇年、一八四八年、一九一八年、一九四五年、一九六八年、一九八九年といった時期は[*8]、私たちの時代に比べて遥かにグローバルだった。これらの時期にはまだ、人間性、人類、世界の統一、惑星地球、進歩、世界市民について語ることが可能だった。というのも私たちは、歴史を、統一と平和をもたらす合理的で学術的で客観的な源泉である自然科学によって与えられたモデルに接続することができたという漠とした印象を抱いたからである。勝利はすぐそこにあった。光はトンネルの先に見えていた。近代化は大成功を収めようとしていた。「私たち」はみな同じ世界を共有しようとしていた。だがまったく奇妙なことに、「その」単数世界は、「グローバリゼーション」という言葉が喧しく私たちの耳に届きはじめる前の時代に比べて、決してグローバルで全体的で成就に向かっているようには出現しなかったのである。

これはもうひとつのパラドックスだろうか？　そうではない。いまグローバ

ある。global と baloney（たわごと）を組み合わせたラトゥールによる造語とみられる。

＊8　一七九〇年前後には、フランス革命勃発後、フランスで初の憲法制定と立法議会の招集、そして人権宣言などが行われた。一八四八年はウィーン体制の崩壊へと繋がる一八四八年革命が勃発、一九一八年と一九四五年はそれぞれ第一世界大戦、第二次世界大戦の終結、一九八九年は東西冷戦体制の崩壊を象徴するベルリンの壁が崩壊した年にあたり、これらに対する言及と思われる。

リゼーションが語られるとき、それは致命的危機、決定的必要性、悲劇、情熱的関与、受けて立つべき挑戦、などと取り沙汰される。それに賛成であろうと反対であろうと、グローバル性、あるいは世界性は、戦争に似た蜂起として、敗れるやもしれぬ戦闘や戦線として語られる。グローバル化すること、あるいは世界化することは、いまや解決すべき深刻な問題になってしまった。それはもはや、近代化が推し進められていた時代にはそうだったような、あらゆる紛争に対する万全の解決策ではあり得ない。共和国的普遍を愛するフランス人でさえ「反グローバリゼーション」運動を盛り上げ、「文化特例」――を維持する権利を声高に要求し続けている――一〇年前だったら想像もつかなかったことだ！　彼らは農夫ジョゼ・ボヴェ[*9]を崇拝する。ジョゼは食料生産に関するアメリカの帝国主義的略奪を阻止せんと、鼻も曲がるロックフォール・チーズをバークリーに持参するのだ！　グローバル性は、情け容赦のない戦争のなかで、はじめて、誰の目にもあきらかな危機に瀕する――それはもはや誰もが密かに頼る不可視の統一ではない。今日、シアトルからポルト・アレグリまで、

＊9　ジョゼ・ボヴェ（José Bové　一九五三―　）フランスの酪農家。アルテルモンディアリスムの活動家として知られる。

グローバリゼーションとそれが招く危険に対してバリケードがいくつも築かれている。過去において、いったい誰が普遍性に対して愚かにもバリケードをつくっただろうか。そして自然に対しても。

多様性の側でも事情は同様に悪化している。グローバリゼーションが統一にとって問題を引き起こしている一方で、フラグメント化が示す寛容の外見も、あきらかに危険とまではいかなくとも、同じように物議を醸しつつある。だが、どうやらあらゆる共通世界を拒むものであるらしいフラグメント化と、交渉なしにあまりに性急にすべてを統一化しようとしていると責められるグローバリゼーションとを同時に非難することの奇妙さに皆は気づいているだろうか。結局のところ私たちは喜ぶべきではないのか。グローバリゼーションが危険ならば、その覇権を粉砕するフラグメント化万歳であるし、ポストモダン的なフラグメント化がそれほど恐るべきものならば、ついに統一と良識をもたらすグローバリゼーションをなぜ心から歓待しないのか。しかし理不尽にもグローバリゼーションとフラグメント化の両方を非難することによって、私たちはまさに、近代主義と近代主義が提案した統一と多様性の問題への都合の良い解決策から離脱する根本的転換を確認しているのである。フラグメント化は単一自然主義を打ち砕く。グローバリゼーションは多文化主義を破壊する。目的が多様性の創出であれ、統一の創出であれ、結局のところ両陣営にとって、敵対者や戦線や激しい反発があらわれている。こうした急速な場面転換は、次のような状況の前兆と捉えることができるだろう。すなわち、もはや「グローバル」という言葉から「自然な」というニュアンスが消え、「フラグメント化した」という言葉から「文化的に尊敬できる」というニュアンスが消えるということだ。イザベル・ステンゲルス[*10]が挑発的に述べたように、私たちは寛大さの終焉を目撃した。比較人類学の偽善的敬意、人間性や人権や私たちはみな同じ世界のよく似た住民であるという事実の自己満足的主張の終焉を目撃したのである。いまや諸世界の戦争が存在している。平和、近代性の偽善的平和は、まちがいなく終わったのである。

*10 イザベル・ステンゲルス（Isabelle Stengers 一九四九― ）ベルギーの科学哲学者、科学史学者。主な著書に『科学と権力――先端科学技術をまえにした民主

主義』(吉谷啓次訳、一九九九、松籟社)などがある。

Chapter Ⅳ

「平和ヲ欲スル者ハ……[*1] 宣戦布告せよ」

もう少し肯定的で穏当に述べるとすれば、私たちはここ数年のあいだに、絶対平和主義者が主導する総力戦の状況から、平和への真の展望を与えてくれる開かれた交戦状況へと移行したと言えるのかもしれない。

近代主義者は、理性による解読の対象である自然世界を巻き込むことのない表面的な表象世界の外で起こりうる紛争の存在を認めなかったがゆえに、自ら戦争を構えることは決してなかった。彼らが誰とも対立せず、戦争を宣言することもなく全地球戦争に及んだとは何ということだろう。いや驚くには当たらない。まったくのところ彼らは、武力に訴えることによって、完全なる平和、確実なる文明化、遅滞なき進歩を推進したのだ。彼らには厳密な意味での反対者や敵対者はいなかった——言うことを聞かない生徒だけがいたのだ。そ

＊1　原文は *Qui vis pacem...*。ラテン語の警句 *"Si vis pacem, para bellum."*（汝平和を欲さば、戦への備えをせよ）のもじり。

う、彼らの戦争、彼らの征服とは、教育であった！　彼らがおこなった大虐殺さえも、完全に教育的なものだった！　私たちはキャプテン・クック[*2]やジュール・ヴェルヌ[*3]を再読すべきである。いつのときもあらゆる場所で戦いがあったが、それはつねに人々の幸福のためであった。「そのことが彼らに教えてくれるはずです……。」

宣戦を布告する相手が存在するのは対立する両陣営が仲裁を求められる共通の調停者が不在の場合だけである、とカール・シュミット[*4]は主張する[†1]。そうだとすれば、近代の教化主義者たちに敵はいなかったのであり、近代史は厳密な意味での戦争を目撃していない。はげしい戦闘のさなかでさえ、彼らは逆らえぬ裁定者、想定されるあらゆる争いを高みから見下ろす調停者の権威、すなわち〈自然〉とその諸法則、〈科学〉とそれによって統合される諸事実、〈理性〉と合意をもたらすその方法に従っていたからである。争いを監視する調停者から与えられる権限が有効であるとき、人は戦争ではなくただ警察活動をおこ

*2　ジェームズ・クック（James Cook　一七二八－一七七九）イギリスの海軍士官で、海洋探検家。ニュージーランドやオーストラリア大陸に到達した。太平洋航海を記録した航海日誌などが知られる。ハワイにて、先住民と争い、死去。

*3　ジュール・ヴェルヌ（Jules Verne　一八二八－一九〇五）フランスの小説家。H・G・ウェルズとともにSF（サイエンス・フィクション）の祖と呼ばれる。

なっているのだ、とシュミットは言う。「自然の要求」に従って働くように遣わされた近代主義者たちは、ただ世界の治安を維持していたのであり、自分たちはかつて誰とも戦争をしたことはないと胸を張って言うことができたのである。その結果、当然のことながら、彼らは、平和の要求、戦争目的の明文化、外交の必要性、交渉に含まれる不確実性といったものを理解しようとすることさえできない。「何の交渉ですか？　何の外交ですか？　何の戦争目的ですか？　何の和平折衝ですか？　戦争などありません！　私たちはただ物事を整理整頓しているだけです。私たちはいつもそこにある秩序ある現実を表明しているのですが、その秩序がさまざまな集団の自己主張によって少し曇ってしまったものですから。」近代主義者たちが遂行した唯一の戦争とはウィルソン主義的戦争であり、自然が、国際連盟より強制力のある権限を彼らに与えていたのである……。

敵対する立場の者を敵とはみなさず、議論の余地のない調停者の名において

主な著書に『月世界へ行く』（江口清訳、二〇〇二年、創元SF文庫）、『八十日間世界一周』（田辺貞之助訳、一九七四年、創元SF文庫）、『地底旅行』（一九六八年、窪田般弥訳、創元SF文庫）などがある。

＊4　カール・シュミット（Carl Schmit　一八八八―一九八五）ドイツの政治学者・公法学者。ベルリン大学正教授職を勤めるが、ナチスへの傾斜を理由に戦後その地位を剥奪される。その後ふたたび学界に復帰。主な著書に『政治的ロマン主義』（大久保和郎訳、

企てられる純然たる警察行動として自らを規定する潜在的戦争は、沈静化をもたらすどころか止まるところを知らぬものになった。始まっていない戦争を、どうやって終えることができようか。宣戦布告がなされていないのに、どうして和平折衝が開かれようか。深い亀裂の入った両陣営のあいだに橋渡しをする必要はない。そもそも亀裂などなく、はじめから存在している共通世界の必然的法則を、一部の非合理的精神の持ち主が認めようとしないだけなのだから。いったい誰が交渉できただろう。その紛争に対立するふたつの陣営があったわけではないのだから――そもそも、紛争、ほんとうの紛争、現実に関わる紛争などなかったのであり、さまざまな象徴的表現についての意見の相違が生じただけであり、それらは永遠に現実をつかもうとしない限りたやすく共存できるだろうから。文明化の凱旋のさなかで、白人は非合理的で前時代的な亡霊に出会ったにすぎない。白人は敵に出くわしたことがなかった。だとすれば、彼らはどうやって平和について考えることができただろうか？

二〇一二年、みすず書房）、『政治神学』（田中浩・原田武雄訳、一九七一年、未来社）などがある。

†1　Schmitt C. (1972 [1963]), *La notion de politique suivi de Théorie du partisan*, Paris, Calmann-Lévy.［『パルチザンの理論』（新田邦夫訳、一九九五年、ちくま学芸文庫）］

だがそれでも平和が賭けられている。私たちが追及すべきは平和である。それ以外のゴールを目指す者がいるだろうか。永遠の戦争状態を喜ぶ者がいるだろうか。戦争をあおる議論を続けるとしたら、私はいったいどういう知識人だろうか。問題は平和に到達するための方法なのである。

もちろん、サミュエル・ハンチントン[*5]が忠告するように共通世界を構築する仕事を断念し、見えぬふりを決め込んで自文化という防空壕に避難することが解決策であるはずがない。それは再び文化の存在を信じて共通世界の創造という仕事――地球全体を同質の「諸文明」に区分けする作業が恐ろしく困難であることは言うまでもないが――を忘却することであろう。これから先、私たちが卑屈に身をかがめて普遍性という約束の地を放棄することになれば、西洋史全体はまったく無益だったことになるだろう。数世紀にわたる理性への奉仕者の末裔である私たちは、私たちの祖先の目にどのように映るだろうか。ただひとつの共通世界に生きるという価値あるゴールを断念してしまいましたと、恥

＊5 サミュエル・ハンチントン（Samuel Huntington 一九二七―二〇〇八）アメリカの国際政治学者。冷戦終結後、これまでの「自由主義対共産主義」というイデオロギー対立でなく、諸文明間での衝突が起こると述べた「文明の衝突」論を発表し、議論を呼んだ。主な著書に『文明の衝突』

（上下、鈴木主税訳、集英社文庫）などがある。

もなく彼らに報告できるだろうか。責められるべきはその最終ゴールそのものではない。現実の敵と戦争せずにそこに到達できるという奇妙な考え方である。西洋は、近代化に努めたその歴史とはうらはらに、平和に到達するためには戦争が存在することを認めなければならない。すなわち西洋には敵が存在したという事実を引き受け、世界の多様性を真摯に考え、単なる寛容を拒絶し、地域的なものとグローバルなものの両方の構成をふたたび試みなければならない。その作業をはじめるために、西洋は失われた統一の喪に服す悲痛な時期を避けては通れないだろう。私たちが当たり前のものと考えていた共通世界は、実は少しずつ組み立てられてゆくべきものであって、あらかじめ設定されているものではない。共通世界とは、自然と同様に、私たちの背後にあってすでに完成されたものではなく、私たちの前にあって一歩ずつそれを実現させてゆくべき巨大な課題である。共通世界とは、紛争を調停する裁定者のごとく私たちの手の届かぬところにあるものではなく、まさに紛争に賭けられたものであり、妥協が必要な議題——交渉が生じた場合——である。共通世界とは、つかみ取るべきものなのである。

こうした厳しい状況の変化は、あきらかに西洋人たちに絶望をもたらすかもしれない。彼らはかつて平和のなかに生きていたが、いまや戦争のなかにいるのだから。かつて彼らは敵をもたず、万人を愛していた。自らを生まれながらの地球市民と考え、他のあらゆる文化を、その多様性がいかに法外なものであろうと受容しようとした。(「私たちはこんなに誠実で、率直で、善意に満ち、温厚であるのに、なぜ他の人々は私たちをこれほど嫌うのでしょうか?」と九一一後のアメリカ人は問う。)それから数年後のいま、彼らは突然、「グローバル」が実のところ何を意味するのかを定義するために、また「多様性」にどんな意味を与えるべきかを決定するために、ふたたび他者のように(もっともその他者はもはや従来の近代的意味での「他者」ではないが)戦うことを強要されたのだ。かつて彼らには絶対正しい解決策があり、自然の統一性と文化の多様性を確信していたのだが、突然すべてがひっくり返り一からやり直さねばならなくなった。それでも彼らは意気消沈するにはあたらない。ゴールは同じである。ただやり方——そしてタイミング——が違うのだ。既定事項だと彼らが考えていたことが、ふたたび議論されているだけのことだ。エルサレムの主権はもっとも困難な外交課題のひとつと言えようが、あらゆる紛争の最終的な裁定者である自然の地位と主権はどうだろうか？

近代主義のあとに何が来ようと、少なくとも状況はより明らかになるだろう。諸世界の戦争が生じていることはまちがいない。統一と多様性は、細心の注意を払う交渉によって少しずつ組み上げていかなければ実現不可能である。かつて（近代主義からポスト近代主義の時代）のやり方で、あらゆる他者のために世界の統一を設定することは不可能である。すなわち、そこに他者を寛大に招き入れるときに、彼らが大切にしているすべてのもの、彼らの神、彼らの魂、彼らの持ち物、彼らの時間と空間、つまりは彼らの存在論（オントロジー）を戸口に置いてから入って来ていただくという条件を付けるやり方では不可能なのだ。形而上学はもはや物理学のあとに置かれるものではなく、それに先んじなければならず、いわば前物理学protophysicsを展開する試みがなされなければならない——それは近代化推進者にとって言いようのない恐怖であるが、グローバリゼーションとフラグメント化の両方に対して同時に戦おうとする人々にとって唯一の希望である。「文化相対主義」がもたらした軽い悪寒に比べると、この大混乱、この喧噪状態は、はじめは嫌悪感と狼狽を引き起こすかもしれない。そもそも一七世紀頃近代主義が発明されたのは、そうした恐怖から逃れるためであった。あまりに多くの世界、あまりに多くの相矛盾する存在論、あまりに多くの対立する形而上学を耐え忍ぶことを回避するために、それらは、事実根拠に支えられた（しかし悲しくも意味を失った）確実な自然を後ろ盾にして、多様な（どうでもよい）存在物に巧みに仕立て上げられた。だがA・N・ホワイトヘッド[*6]が最悪の解決策と呼ぶこうした「自然の二元化」が歴史の最終段階であることを証明するものは何もない。

＊6 アルフレッド・ノース・ホワイトヘッド（Alfred North Whitehead 一八六一—一九四七）イギリスの数学者、哲学者。数学者・哲学者の

バートランド・ラッセルとの共著『プリンキピア・マテマティカ』（『数学原理』）で知られる。主な著書に、『過程と実在』（全二巻、平林康之訳、一九八一―一九八三年、みすず書房）などがある。

いまや、従来の近代化推進者たちに完全な変容が求められている。彼らは、かつてその面前から逃亡しようとした怪物ゴルゴンの前にもう一度連れ出されるだろう。最初はそれがいかに奇妙にみえようとも、近代主義者あるいは西洋人あるいは白人（呼び名はどうでもよいが）はもう一度、あたかも他者とはじめて接触するかのように振る舞わねばならないだろう。あたかも歴史からあり得ない二度目のチャンスを与えられて一七世紀、一八世紀、一九世紀、二〇世紀を辿り直し、この上なく冷酷な帝国主義の数世紀のあいだ非常にまずいやり方で自己紹介をした自分たちが、この二一世紀において、きちんとした態度で自己紹介をやり直すことが許されたかのように振る舞わねばならないだろう。そのとき彼らはついに自分たちには敵がいることに同意するだろう。そして平和を提案することができるだろう。

他の民族のもとに突然予告なしにやって来てあらかじめ設定された原理的平和の名のもとに彼らを平定する目的で戦力や武力を行使することと、そこにあられて徐々に組み上げられるべき共通世界がどういったものかを決定するために戦場で相まみえることとは、同じ暴力や戦力や武力を行使しても同じもの、同じ任務、同じ緊迫状態とは言えない。不寛容なコンキスタドールを異文化間対話の専門家に差し替えればよいというわけではない。対話しようと誰が口にするだろうか。寛容を誰が求めるだろうか。そうではない。征服者は、自分たちの面前にいる者は理性を欠いた者ではなく敵であり、戦いの結果は不確かであり、それゆえ真剣な交渉が必要であることを自覚している敵対者に差し替えられるべきなのだ。異文化間対話とは、共通世界の九〇パーセントがすでに共有され、残りの些細な争議に当事者が決着をつけるのを絶対的なレフリーが見守っている状況でなされるが、私たちが覚悟すべき交渉では、九〇パーセントが交渉課題——神、自然、魂が含まれる——であり、しかもそこに裁定者はいない。近代主義者たちは信頼できる筋から戦いに勝利することをはじめから知らされていた。現実の戦い、現実を勝ち取るための戦いというものはなく、必然的な進歩の凱旋だけが——説明のつかない古風な風習の復活（彼らはどうやってそれを説明できただろう）や不可解な非合理性の高揚（彼らはどうやってそれを理解できただろう）によって彼らはしばしば遅々たる文明化の歩みに絶望したとしても――あったからである。

近代主義とその後任者――それを何と呼ぶべきか、「第二次近代主義」？「ノンモダニティ」？――との区別は、じつにささやかな次の一点にある。すなわち、これからの戦いは共通世界の形成についての戦いであり、またその結果は確定していない、ということだ。それだけだ。すべてを変えるために、それだけで十分である。グローバリゼーション化や分裂に対して戦うあらゆる人々、あるいはフラグメント化や分裂に反対してバリケードを築くあらゆる人々は、自分たちが敗れるかもしれぬ戦争が何を意味するかを理解している。

ふたつの小さな語句が、この容易に感知し難い急速な変移を浮き彫りにする。「リスク」［ひとつ目の語句］という主題は突然ヨーロッパ全体に出現したが、ウルリッヒ・ベック[*7]によって効果的に導入されたその主題は、生活がより危険になったということではなく、日々の生活のなかでこれから状況は悪化するかもしれないという印象を誰もが再び抱くようになったということを示している。たとえば、我らの祖先ゴール人がかつて自分たちの頭上に落ちてこないかと心配した天空は、急激な気候変動というかたちで、ふたたび私たちと私たちの子供たちの頭上に落ちてくる可能性がある。振り出しにもどるのだ。もう一度、最初の接触がなされるのだ。なんですって？　私たちは今や、教化主義者たちがかつてリスクのない地球管理のために消去しようとした他者や臆病者や前近代主義者のように、注意と警戒をもって行動しなければならないのですか？まさにその通り。とにかく今日、西洋社会において警戒［ふたつ目の語句］の原理ほど広く普及した主題はない。それはもちろん行動を中止するということではない。ただ、これまでは絶対に確実とみなされてきた科学や技術に関連する領域において、不安と警戒を扱う手続きの回帰を示しているのだ。「グローバリゼーション」、「分断化」、「リスク」、「警戒」。メディアに流通し、しばし

＊7　ウルリッヒ・ベック（Ulrich Beck　一九四四―二〇一五）ドイツの社会学者。主な著書に、『危険社会　新しい近代への道』（東廉・伊藤美登里訳、一九九八年、法政大学出版局）、『世界リスク社会論　テロ、戦争、自然破壊』（島村賢一訳、二〇一〇年、ちくま学芸文庫）などがある。

ば嫌悪されるこれらお馴染みの用語は、じつのところ、近代主義の退潮という、世界のとてつもない変動を示唆しているのだ。

Chapter V

いかなる統一なのか？
自然法主義か？
あるいは構成主義か？

こうした環境変化は、近代主義者と〔近代主義にとっての〕他者に、最初は恐怖の感情を抱かせるかもしれないが、そこには従来の近代主義者にとって何と大きな利点があらわれることだろう！　いまこそきちんとした態度で自己紹介し、戦い、敗れるリスクを引き受けることによって、勝利の可能性もまた生まれるのだ！　今度こそ永遠に。未来の共通世界を組み上げるとき、西洋人が不利益を被るだろうと考える理由はまったくない。

ただしその間に近代主義者が文明化と近代化の傲慢から自責と懺悔へと向かわなければの話である。過去に犯した罪に対する絶望的罪悪感をいくら掻き立てたところで、近代主義者はどこにも導かれないだろう。また、それによって彼らは許されるわけでもないだろう。繰り返すならば、いま必要なのは対話ではなく、寛容でも罪悪感でも恩赦でもない。問われているのは戦争であり、交渉であり、外交であり、平和の構成である。自らを罰し、白人であるという救われぬ重責を背負うことは、相変わらず自己を全体の名において定義し続け、共通世界を定義する不可能な仕事に他者をまったく関わらせない姿勢である。かつて近代主義者に世界平和の制定者となるようにと誰も頼まなかったし、いま近代主義者に世界の罪人であることを認めよと誰も要求していない。彼らに問われているのはただひとつ、普遍性をすでに制定された自分の領土と考えることをやめ、戦闘が始まったあとで領土交渉に応じる姿勢をとることである。彼らに求められているのは、暴力、貪欲、通商、征服、福音伝道、知識、管理、経営といったかつて発揮した巨大な主導権——それが神のご加護によるにせよ金や科学の力によるにせよ——にふさわしい者になることである。近代主義者に普遍性の探求を断念せよなどと誰も要求していない。このもうひとつの世界戦争、共通空間の構成についてのこの根本的な形而上学的戦争に自分たちはどうやっても巻き込まれていることを、すべての民族は自覚しているのだから。

さあ仕事だ。自分の汚物の上に横たわるヨブのごとく反省の衣をまとって疥癬を掻いている暇はない。[*1]

西洋人よ、立ち上がれ！　今こそ白日のもとでお前の場所を求めて戦うときだ！　お前はもはや絶対的な勝利の公式や、くじを引くたびに必ず成功が保証された倍賭けゲームから利益を得ることはないが、かといって必ず負けるというわけでもない。結局のところ理性は決して勝てないほど弱くはない。ただ、あまりにも長い間それと認められる真の敵をもたずに戦ってきただけなのだ……。理性は自己満足して悦に入り、自然主義というカプア的豪奢[*2]とその安易な共謀者であることに慣れきってしまったのだ。また、困難に直面するたびに「相対主義！」と叫ぶことは、理性の拡張——そう、拡張だ——を準備するための適切な行軍命令とは言えない。

ここでやっかいなのは、短期決戦を狙う合理主義者の理性と、長期戦を見据

＊1　「ヨブ記」（『旧約聖書』）第二〇章七節「自分の汚物と同様、永久に失われ探す者は、「どこへ行ってしまったのか」と言われなければならなくなる」（新共同訳『聖書』、日本聖書協会）による。

＊2　古代ローマ時代の繁栄で知られるイタリアの都市。第二次ポエニ戦争では、ハンニバル軍は冬季の宿営地としてカプアに逗留し、豪華な歓待を受けた。結果、これによりハンニバル軍は弱体

える外交官の理性とを合わせ持つ必要があるということだ。外交官は隠れた場所で妥協策を練る潜在的な裏切り者として疎ましく思われることもある。しかし彼らは警察行動とは違って、戦場の形勢が明らかになる前ではなく、そのあとで大きな力量を発揮する。外交官たちは、戦う相手がまったく非合理的で懲戒を受けるべきだと宣告できる上位のレフリーや裁定者がいないことを理解している。もし解決が見い出されるとしたら、それは他のどこでもない、まさに彼らのあいだに、彼らとともに、いま・ここにしかない。合理主義者は自分たちが「前時代的」とか「非合理的」などと呼ぶ人々に譲歩しないので和平折衝のやり方を知らないだろうが、外交官であれば、カール・シュミットが言うように、公然と敵として宣言されたが平和交渉が終了したあと同盟者となるかもしれぬ相手とのあいだにどうやって話し合いの場を開けばいいかを心得ていよう。外交官の大きな特質は、彼らが正確なゴール地点——敵のものであれ自分のものであれ——をはっきりと知らないところにある。それだけが彼らの行動の自由であり、密室で繰り広げられる交渉の小さな余地である。争っている当

化したと伝わるが、現在では疑問視されている。

事者たちは、結局のところ、自分たちの戦いの目標を若干修正することを厭わない。もしあなたが合理主義的近代主義者と前近代的で旧態依然とした敵とを対置させるとしたら、言うまでもなくそこには戦争はないが、実現可能な平和もない。交渉は開始されることすらない。「合理主義者の」理性は自らの敵を認めることはないからだ。だが、もしあなたが多様な共通世界の提案者を互いに闘わせるとしたら、展開は全く違ったものになる。外交官が、自分たちのサイドを含めて戦争の当事者たちがゴールに到達するにはさまざまな方法があることを理解しはじめるからだ。もし近代主義者が心に抱くゴールに到達することを自然崇拝者によって阻止されるとすれば、そのとき近代主義者は自分の目標を達成するための方法を変更することがないとは言い切れないだろう。

和平提案を作成し、それをいままでよりも丁寧に示し、不毛な対話に終わらぬように注意するためには、かつての近代主義者は、たとえば、自然法主義と構成主義との区別を導入するとよい。「自然法」とはもっぱら法理論で使用される用語だが、近代主義者の解決策全般を定義するときにも適用できる。それは「規則」の概念が物理法則を含むレベルに拡張される点においてである。つまり向こう側には自然が存在しており、自然の必然的な法によって、自然と対照的な、特異な諸文化の多様性を審判することが可能になるというものである。だが自然法主義は近代主義者の唯一の伝統ではない。それとほぼ矛盾する、私たちが構成主義的と呼ぶもう一つのより豊かな伝統がある。つまり事実（ファクツ）とは、その語源が説明するように、物神（フェティッシュ）、神、価値、芸術作品、政界、風景、民族などと同じように、制作されたものととらえられるのだ。[*3]

構成という概念は、一見したところ、それほど魅力的とは思われない。近代主義者のひとつの重大な過失にまみれているためである。その概念は社会的構築や批評言説の語彙に結びつくことが多い。自然は「構成されて」いる、神は「生産された」ものにちがいない、人間は「制作された」ものにちがいない、と私たちが発言すると、ただちに私たちはそれらのものに想定される信頼性を

*3　物神（フェティッシュ）と事実（ファクツ）にかんするラトゥールの議論は、ブリュノ・ラトゥール『近代の〈物神事実〉崇拝について――ならびに「聖像衝突」』（荒金直人訳、二〇一七年、以文社）を参照のこと。

攻撃し、蝕み、批判しているとみなされる。「とすると、」と怒りの反論の声が上がるだろう。「自然も神々も人間も「実際には」存在せず、それらは「純粋な」制作物であり、「単なる」社会的構成物だということですね？　こうした新しい議論において、他者に対して私たちの構成主義者的プロフィールを示すだけで、いったい私たちに勝算はあるのでしょうか？」しかしながら、かつての近代主義者は次のような対案を提示できる唯一の存在ではないだろうか。すなわち、構成とは他者（かつての「他者」）にとって生産、批准、認定とともにあるという対案である。より正確に言えば、「人工的」、「人間的」、「主観的」、「制作された」といった語彙で、それらとの対立を強要するのがまさに自然法主義の概念である。結局のところ「事実(ファクト)」という言葉でさえ、制作されたもの、そして、制作されたあと制作を越えて現実となったものを指し示すものである。構成主義は、こうした新しい（そしてとても古い）積極的な意味で捉えられるならば、いかなる対立も生じさせないだろう。

自然の概念がたとえば文化という反意語をともなうのに対して、構成主義の考え方は相互理解を始動させるためのリングア・フランカ[*4]として機能するだろう。交渉テーブルの両サイドから（テーブルがあるとすればだが）こんな声が上がるだろう。「少なくともひとつのことは確実です。あなた方の神は私どもの神と同じように、あなた方の世界は私どもの世界と同じように、あなた方の科学は私どもの科学と同じように、あなた方の自我は私たちの自我と同じように、構成されたものです。」外交官として望ましい質問とはもはや「それは構成されたものですか、そうではないものですか?」ではなく「それらをどうやってつくるのですか?」であり、とりわけ「それらがうまく構成されていることをどうやって検証するのですか?」といったものである。こうして交渉ははじまる。建設するための正しい方法を模索しながら。

それは喪に服す機会である。西洋人はその結果、自分たちの最高の長所だと信じていたものを手放したままにされるからである。西洋人は喪失——外なる

＊4　共通の母語を持たない者同士で、意思伝達手段として用いられる言語のこと。あるいは、商用に使われる国際共通語を指す。

自然に訴えることで同意に到達する可能性の喪失――に直面しなければならない。それは相手方とて同じことである。そもそも自然についての合意に到達することは不可能である。これまで見てきたように、「自然」という観念自体が、時間をかけた共通世界の組み立て作業についての漸進的合意を拒むものだからである。自然のみならず、統一もまた交渉テーブルから引っ込めた方がよい。ひとたび自然が議論に持ち込まれると、他者は主観的で偏向した自然の表象しかもたないことになる。彼らが自分の表象に執着すれば、彼らはただ非合理的だということになる。一方、もし神や人や物や世界が崩れるかもしれぬ「構成された」実体（構成という観念はそれ以外何も意味しない）であると把握されるならば、そこにこそ、あらゆる戦争当事者の目的の修正を通じてふたたび和平折衝を開始する糸口がある。それはだれも予測できない出来事であり、ポストモダニズムというレッテルがここ数十年ずさんにも隠蔽してきた大転換である。これまでの近代主義者たちの確信とはうらはらに、自然は一般化されることができない。それと対照的に、構成主義は万人に共有されるかもしれない

――すくなくともそのために新しい外交努力をする価値はある。もはや地球全体におよぶ自然の近代的定義を夢見ることはできない。だが諸世界の好ましい構成と好ましからざる構成とを対峙させることによって、統一というゴールへの長い道程を進んでいくことは可能かもしれない。

従来の近代主義者が近代主義とその主張によって隠され忘れられた自らの資産を行使できるのは、まさにこの交渉のターニング・ポイントにおいてである。近代主義者はあきらかに近代化という借り物のマントを着せられて居心地の悪さを感じていた。そもそも近代化は、あまりに誇張された他者性を押し付けたがゆえに他者を正しく説明できないとしても、西洋人ならば正しく説明することができるのだろうか。白人もまた、近代的であり続けてきたわけではない。文明化される人々を単一世界への途上にある非合理的で前時代的な生存者とみなすことが不公平であるとすれば、文明化を推進する人々を合理的で近代的とみなすことはさらに不公平である。それは転倒したエキゾティシズムであろう。この考え方において「近代主義」あるいは「西洋主義」はひとつの「オリエンタリズム」として捉えられるだろう。それは、ヨーロッパ人やアメリカ人を、彼ら自身が他の文化に対して採用した見方――熱帯のヤシの木、秘められたハーレム、極彩色の未開人――で見つめることである。言い換えれば、近代主義者を彼らの主張通りに捉える限り、観光パンフレットにあふれる気分の悪くなるような、他者に貼り付けられる安っぽいエキゾティシズムで彼らを扱うことになる。両者［西洋人と他者］が、エキゾティシズムとその倒錯した自己満足とを、ひとつの自然／多くの文化の分割によって導かれる間違った差異とともに捨て去るのでなければ、平和交渉は不可能である。同様に、私たちが差異として重要なものと重要ではないものについての仮説をいったん宙吊りにするまでは外交は開始できない。最終的に論争の方法は複数あり、同意の方法も複数ある。

そのような状況がととのうならば、従来の近代主義者はおそらく自分たちが思う以上に健全な立場に立つだろう。そしてかつて文明化推進者として着飾って凱旋したときに考えた以上に、構成の適切な手法についての質問に答えることができるようになるだろう。しかしそれにあたって、彼らは自らの遺産を整理する必要がある。彼らは普遍的ゴールを誇りにすべきだが、それを実現するための当初の「自然主義的」企ては打ち捨てるべきだ。近代主義者を交渉テーブルに連れ戻そう。だが今度は彼らに礼儀をもって振る舞ってもらおう。そして自然化する視線ではなく、構成主義者としての顔を他者に示してもらおう。近代主義を成り立たせる基本要素〈科学〉、〈神〉、〈個人〉、〈経済〉、〈政治〉を議論や譲歩の余地のなきものとして交渉テーブルから引っ込めるのではなく、彼らがそれらのものを、共通世界の組み立てに関わるすべての成員を含む交渉のなかで決議されるべき案件として認めたら、さてどうなるだろうか。

まず学術研究を例にとってみよう。自らを普遍的〈科学〉の名のもとに世界に示すことと、自らを土地に根差しリスクの高い科学——複数の科学——の生産者や製造者として示すことは、同じではない。前者の場合、普遍的科学から提案を受ける側の人々は、従順に立場を変更して近代主義者側の教育に従うか、非合理的世界に引きこもるか二者択一を迫られる。後者の場合、状況はより不確定である。いくつかの科学が共通世界を組み立てるための部品リスト（ビーイングス）を拡大する申し出や「提案」をすれば、別の科学からさらに別の提案がなされるかもしれず、リストはさらに長くなり、学術的混乱は増大するだろう。何らかの普遍的〈科学〉が協議され永久に一般化されることはないが、徐々に進展するあたらしい普遍化を切望する諸科学は協議される。

他から影響を受けない非社会的な事実根拠は同意をもたらすことはできないが、厄介に絡まった事態状況であれば最後に同意に辿り着く可能性はある。近代主義者はすでに、その両者を同時に生み出している。彼らは交渉なしに統一を目指す政治的事業として〈科学〉のイメージを造形した。その一方、紛争の結果次第で統一化や地方化のさまざまな事業に関与するかもしれぬ多数の魅力的で複雑な諸科学をも生み出している。外交課題はその方向を変えたのだ。近代主義者は自分自身から救済され、諸科学を他者と共有し、〈科学〉を――あの三重に神聖な都市エルサレムのように交渉の余地なしと彼らがいままで信じていた〈科学〉を――棚上げすることはできるだろうか？ 外交官たちは裏切り者とみられることなく、諸科学の力を維持し、普遍性が最終的によりよいかたちで組み立てられるように〈科学〉を手放すことを提案できるだろうか？

つぎに宗教を例にとろう。宗教は、〈科学〉以上に、近代主義によるかつての時期尚早な地球統一事業に加担している。建設的な構成主義をこの領域に適用できるだろうか？ 〈神〉の統一という非構成的性質への狂信的とも言える執着は、多分に、制限交渉の対象であることが同意されたあの自然の統一的役割への応答であるとは言えないだろうか？ もし後者［自然］が交渉可能であるならば、なぜ前者［宗教］は交渉不可能なのだろうか？ 私たちは平和交渉に際して、たとえばアブラハムとイサクとヤコブの神は良く構成されている、あるいは悪く構成されている、と外交官に勇気をもって発言させるだろうか？　器物、儀式、祈り、その宗教を成立させる装具一式について外交官に指摘させて、それらを他の神々を生み出すやり方と比較するように外交官に促すだろうか？　そうした提案が不快で破廉恥で冒涜的なものにならないようにするためにはどうすればよいだろうか？　だがそうした提案によって、聖なる書物をもつ偉大な諸宗教が立ち向かった忌まわしき前時代的状況に逆戻りするとは言えないのではなかろうか？　ここでも自然との比較が導きの光となる。「自然」が、段階を踏んだ共通世界の組み立てを無視してあまりに性急に統一しようとした政治的発想であったとすれば、〈神〉の統一についても同じことが言えないだろうか？[†1]　諸科学が〈科学〉とは根本的に異なるのとまったく同じように、外交官はさまざまな宗教実践のなかに、構成主義の前兆となるものを発見できないだろうか？　私たちは従来の近代主義者の諸宗教について何を知っているだろうか？　［宗教の］制作、発明、欺きといった言説はこれまで、たいてい宗教を弾劾するために用いられてきた。だがそれを建設的に用いて、

†1　Piette A. (1999), *La religion de près. L'activité religieuse en train de se faire*, Paris, Métailié.

他者とともに、良き神々を構成する適切な方法という課題を再考察できないだろうか？ 私たちはここで、当てにならぬ「宗教間対話」ではなく、さまざまな宗教実践の技法に関する実り多い交換[†2]をおこなったらどうだろうか？ すでに存在している全能の絶対的〈神〉は信者を聖戦へと送り出すが、ゆっくり構成される未来において統一されるかもしれぬ相関的〈神〉は、同じことをするだろうか？

さらに、人間のつくり方について考えよう。自由で権利を有する個人を発見したと主張してそうした個人が全世界に一般化されるべきだと唱えることと、「ペルソナ」という数々の人間の仮面を入念に作り続けてきた驚くべき歴史に近代的自我というもうひとつの奇妙な仮面（コンポジション）を加えてもらうことは、同じではない。前者の場合、個人は存在し彼らはみな自由な人間であるという議論の余地のない事実を前提としている。後者の場合、私たちは、この特殊な「西洋近代という」歴史に著しく束縛され促されその重荷を背負った〈西洋的個人〉

†2　民族精神医学における次の研究を踏まえる。Nathan T. (1994), *L'influence qui guérit*, Paris, Editions Odile Jacob ; Nathan T. et Lewertowski C. (1998), *Soigner. Le virus et le fétiche*, Paris, Odile Jacob.

という人格を交渉テーブルに持ち出すことになる。そこで近代主義的主体は物事を整理する議論を始めないし、あらゆる変容体の下に隠されているただひとつの顔を提示することもない。彼の顔は一連の顔に加えられるもうひとつの顔であるに過ぎない――それが気に入っているけれども、少なくとも、その相貌は「他者」から提出されるおびただしい数の仮面のなかでとりわけ優れたものではないのだ。前者の立場をとれば、近代心理学は全人類の疑う余地のない基礎を設定するが、後者の立場をとれば、〈西洋的〉精神の構成要素は非常に地方的で偏狭で贅沢で複雑な代物であり、即座に一般化されることはとうてい不可能である。したがってここでもまた交渉のスピードを上げることはできない。この係争に関わる他のほとんどの当事者は、人間や主体や個人や権利者が存在することを了承しない。自由に行動する個人を追求するかわりに、彼らは可能なあらゆる主体性を生み出すつながり（アタッチメント）――神、物神、家系、祖先――を増やしてきた。彼らにとって、西洋的個人とは断固として戦うべき怪物である。ただ、もし私たちが、西洋的個人が自由に行動するようにみえるのは私たちの主体性や複雑な制度や所持品のせいなのだ、と説明する権限を私たちの外交官に与えるならば、そのとき交渉は本格的に再開される可能性がある。結局のところ近代主義的主体もまた、トビ・ナタン[*5]が彼らの「持ち主」、「所有者」と呼ぶ、個人的主観という内なる聖所の外部にあって彼らを束ねる神々によって所有されている。こうした代価が払われるとき、権利を有する人間、自由な個人は最後に勝利するかもしれない――今度こそ永遠に――と考えることは不可能だろうか？

経済にもまた、自然主義的な顔と構成主義的な顔がある。一方では、市場の力とは太古の時代より全人類の自然な基盤であり、富と自由の恩恵に与るために万人が素直に従うべき基本的論理であると提示される。もう一方では、市場組織とはあまり例のない地方的で不安定な仕組みの連鎖であり、人々の多くの執着対象や品物を探してそれらの価値と流通方法を交渉次第の危ない取引を通じて算定するものであると提示される。前者のような提示に交渉の余地はなく、

＊5 トビ・ナタン（Tobie Nathan 一九四八― ）エジプト出身のフランスの臨床心理学者。民族精神医学の提唱者として知られる。主な著書に『他者の狂気 臨床民族精神医学試論』（松葉洋一・植本雅治・椎名亮輔・向井智子訳、二〇〇五年、みすず書房）がある。

それに反発すれば時代錯誤、後進性、地方主義、非合理性のレッテルを貼られることになる。だが後者のように提示されれば、そこに、計算方法や考慮すべき事柄や市場組織の修正の仕方について正当な異議申し立てができる大規模な闘技場が整備される。ホモ・エコノミクスの必然的な全地球的拡張を信じることは本当に合理的なことだろうか？　この上なく奇妙なことに、西洋人は明らかに偶発的な〈西洋的〉苦心の産物を、何にもまして自然化しようとしてきたのだ！　経済の問題における異議申し立ての正当性を承認するよう私たちの外交官に求めるのは、行き過ぎだろうか？　問題は「陰気な技術［経済］」の非情な現実にいくらか人間的な価値を加味することではなく、私たちが「市場」と呼ぶ錯綜物がいかに複雑であるかを理解することだ。それはあまりにもあからさまに構成されたものであり、あまりにも地方的であるため、さらなる混乱を引き起こさずには拡張できない。さまざまな市場組織が本質的に交渉可能であることを承認したところで、私たちは何を失うだろうか？

最後に政治を例にとろう。ここでも相変わらず、従来の近代主義者はふたつの矛盾するメッセージを発した。ひとつ目は雄たけび（ウォー・クライ）（戦争が起こっていたことを認めないにもかかわらず）である。人類はどうやっても民主主義を選ぶ、そうでなければ正しい状態とは言えないのだ、という叫び。ふたつ目は政治の自然（ネイチャー）＝本質についてのまったくの不確実性を示すメッセージである。問題になっているのは代表権（リプリゼンテーション）なのか、団結なのか、連帯なのか、共通世界なのか、諸々の自由なのか、伝統なのか、従属なのか、法の支配なのか、礼節なのか？

ひとつ目の場合、［近代主義者以外の］残りの人間たちは政治の自然＝本質とは代表民主制であることを――その模倣が滑稽な結果に至るとしても――証明する選択肢しか持ちえない。ふたつ目の場合、「政治」をどのように定義するのかという問いがふたたび開かれ、そしてその結果は、またしても不確実なものとなる。

法と民主主義的討論を全地球規模に広めようとする人々は、制度、生活様式、習慣、メディア、法廷、価値、感情に関して他者に支払わせようとしている代価を知るべきである。注意深く構成されるべきだがサンゴ礁の生態系よりはるかに脆いひとつの制度があるとすれば、それは民主主義の実践である。市民はあらゆる場所で民主主義の広場(アゴラ)に集うべきだと主張することと、大部分の人類と大部分の歴史において別の種類の集会が試みられ、そこでは人間が参加者のごく一部であるような取り決めがなされてきたことを認めることは、別のことである。さて私たちはここでも、万人に市民としての振る舞い方を教えるように私たちの外交官に命じるべきなのか? それとも非常に難しいがより長期間有効な世界政策の仕事に――イザベル・ステンゲルスの言う世界秩序の政治学(コスモポリティクス)――に、敵対者とともに取り掛かるように私たちの外交官を促すべきなのか?

科学、宗教、心理学、経済、政治を問わず、従来の近代主義者は明らかに複数の切り札を持っている。彼らがこれまで平和の提案において非常に不器用に見えた理由は、戦争などないと考えていたからであり、彼らにとって近代化があまりにも自明なことであるがゆえに、いかなる妥協案も検討されなかったからである。さらに、彼らが近代化に対して疑念をもちはじめてポストモダン状況に入ったときに、彼らはいっそう不器用になった。傲慢さを罪悪感に置き換えたにもかかわらず、これまで以上の交渉に踏み込まなかったからだ。いまこそ彼らに救いの手を差しのべ、如才なく彼らを交渉テーブルにつかせるときである。実際、諸世界の戦争が存在することを彼らに認識させ、彼らがそれに命を賭ける価値があると考えたもの――普遍性――と彼らが本当に気遣うべきもの――普遍性の構成――とを注意深く区別するように彼らに促すことが重要なのである。争う両者は相変わらず自分たちが何のために闘っているのかを知らない。外交官の仕事は、争う者たちに発見の手助けをすることである。もちろん彼らの調停提案は、私のこの提案のように、うまくいかないかもしれないのだが。

謝辞

フランス語のテクストから英語へ翻訳してくださったシャルロット・ビッグに感謝いたします。この小論を執筆する機会は二〇〇〇年八月、スリジー・ラ・サルにてトビ・ナタン、イザベル・ステンゲルスらが主催した「諸文化の戦争と平和」というシンポジウムにおいて与えられました。多くの有益なご意見をいただいた参加者の皆さまに感謝いたします。そのテクストはジョン・トレシュの注意深い読解のおかげで二〇〇一年一二月、二〇〇二年四月と改訂を重ねました。私はまたエドゥアルド・ヴィヴェイロス・デ・カストロ、ソフィー・ウダール、福島真人のコメントから多くの恩恵を得ることができました。感謝いたします。

セール、ラトゥール、グリッサンをめぐる覚書

訳者あとがき　工藤　晋

本書はアクターネットワーク理論で注目されるフランスの科学社会学者、人類学者ブリュノ・ラトゥール（一九四七―　）が二〇〇二年に発表した *War of the Worlds—What about Peace?*（Prickly Paradigm Press）の全訳である。謝辞にもあるように、本書は二〇〇〇年八月二四日にフランス、スリジー・ラ・サルにおいてトビ・ナタン、イザベル・ステンゲルスらによって主催されたシンポジウム「諸文化の戦争と平和」で発表されたフランス語の原稿（原題 *Guerre des mondes — offres de paix*）に端を発している。そのテクストはユネスコ特別号のために整えられ、二回の改訂を経て最終的に英語版として出版された。訳出にあたって英語版にはないがフランス語版テクストに付された注を原注として示した。

フランス語版に比べて英語版はかなり分量が増えており、議論の細部が補強されているが、大きな違いは冒頭の九・一一の補筆であろう。二〇〇一年九月一一日に勃発したアメリカ同時多発テロ事件の衝撃を語りながら、こともあろうにラトゥールは「戦争状態にある方が好ましい」と発言する。その発言の意図はもちろん報復戦争の正当化ではなく、近代主義批判にある。九・一一という西洋近代主義に対する痛撃は、西洋近代主義拡大の過程で隠蔽されてきた他者との関係が露呈する事件だったのであり、われわれはそこで、他者との関係が戦争であったことをあらためて自覚すべきだとラトゥールは指摘する。なぜならその自覚こそが真の平和へ向かう世界を構想する第一歩だからである。

それにしても『世界戦争』（本書邦題は"worlds"の複数形を強調するため、『諸世界の戦争』とした）とは物騒なタイトルだが、本書を訳しながらもう一冊の書物が想起された。それは、ラトゥールに多大な影響を与えた領域横断的なフランスの哲学者ミシェル・セール（一九三〇―二〇一九）の『世界戦争』である。その戦争論のエッセンスは本書にも通じるところが少なくないように思われる。以下、ラトゥールの議論をセールのそれに引き寄せながら、ラトゥールが「戦争」という言葉に込める意図をもう一度咀嚼してみたい。

ミシェル・セールはその『世界戦争』において、自らが潜り抜けてきた二〇世紀の数々の戦争経験を、神話や文学と結びつけて語る。セールにとって戦争の本質を記述し批判するためには、聖書やギリシャ神話やコルネイユの『オラース』、あるいは港の水兵酒場で始まった喧嘩の寓話に沿って語る以上に適切な方法はない。そこで映画のフィルムを逆回しするように、大量虐殺をもたらす戦争拡大の物語の時間を逆転させて暴力の始原あるいは暴力以前の始原に立ち戻ること、それがセールの「方法」である。「暴力は人間の始原を隠す。戦争の前には死が、後ろには生存がある。これは同語反復ではない。大洪水は、一つの方向に進む。そこには何も残らない。もし仮に、人間たちが再生しようとするのならば、逆の方向へと努力するしかない。始原は逆の方向にあるとする教訓は、欺かない。[*1]」具体的にいえば、セールは、軍隊の存在や、古代ローマとアルバという敵対するふたつの都市の三人ずつの登場人物が相争う『オラース』における代理戦争のプロット展開に、無制限な暴力の拡大や大量殺戮を制御する時間の逆転の方法を読み取る。ただし少人数の行為者に共同

*1　ミシェル・セール『世界戦争』(秋枝茂夫訳、二〇一五年、法政大学出版局)、四七頁。

体どうしの争いを託す代理戦争という「制御」が可能なのはそこに「法」ないし「権威」といった「審判」が作動しているからである。「法がなければ戦争はない。まったく逆説的であるが、戦争がわれわれを、最悪の暴力から守っている」[*2]。その制御が効かなくなったとき、たとえばナポレオンの恐怖政治の時代から、無法の大量虐殺すなわちテロリズムが始まる。「戦争とは逆に、テロリズムは大洪水として拡大する。大洪水が広がる時、戦争は終わりになる」[*3]。セールは戦争が果たす機能に目を向け、その機能不全がテロリズムを招くのだと述べる。

一方ラトゥールは近代主義推進者の世界観を他者に押しつけたプロセス全体を考察するのだが、そこで論じられる西洋近代史は、セール流に言えば戦争が終わりテロリズムが始まる時代である。近代主義推進者は近代化を被る他者に対して宣戦を布告しなかった。そこには戦争の認識がなかった。なぜなら、カール・シュミットが言うように、宣戦を布告する相手が存在するのは共通の調停者が不在の場合だけであり、西洋近代推進主義者は、逆らえぬ裁定者、す

＊2　前掲書、一三五頁。

＊3　前掲書、一三八頁。

なわち単一の普遍的自然という調停者を戴いていたがゆえに、いかなる相手にも戦争布告する必要はなかったのである。こうして近代主義推進者は「敵対する立場の者を敵とはみなさず、議論の余地のない調停者の名において企てられる純然たる警察行動として自らを規定する潜在的戦争」（本書四七―四八頁）を展開した。だが問題はその調停者にあった。単一の普遍的自然という調停者は近代主義推進者が一方的に持ち出したものであり、近代化の対象とされる側にとって公平な審判とは認められない。中立的審判不在の潜在的戦争は、セールの言葉を借りるならば一種のテロリズムとなるだろう。そしてそのテロリズムは九・一一という他者からのテロリズムの報復を受けたのである。

ではこうした現代の状況に直面して、西洋近代推進主義者はいかなる行動をとるべきか。ラトゥールの提案は「やり直し」である。すなわち、自らが行ってきた近代化、植民地化という暴力の始原まで時間を遡り、その地点から他者との交渉をやり直すこと。その再交渉の過程をラトゥールは「戦争」と呼ぶ。西洋近代主義者は「普遍的自然」という自前の審判を引っ込めて、交渉相手をただしく「敵」として認めて勝つか負けるか五分五分の戦争を展開すべきなのだ。戦争を通じて西洋近代システムが生み出したさまざまなアイテムを他者のアイテムと戦わせて「共通世界」の「構成」を粘り強くもう一度試みること、それがラトゥールの「方法」である。セールの表現を借りるならば、テロリズムから戦争へとフィルムを逆回しする必要があるのだ。だが、仮にその戦争がセール的な意味での戦争だとしたら、両者が認める中立的な審判を立てられるのだろうか？　そもそも西洋近代推進主義者が一方的に持ち出した「普遍的自然」という調停者は、近代化の対象とされる側にとって公平を欠き、双方が遵守する権威としての「審判」とはならない。そこでラトゥールは、いわば審判なき戦争の方法を提案する。すなわち「構成主義」である。「構成主義」は、排他的な普遍的真理を却下する。構成に参加するすべてが構成を成り立たせるアクターであるからだ。ではその戦いはどうやってお互いの大量虐殺を制御できるのか？　その鍵は「外交官」が握る。西洋近代主義者側の外交官とさまざまな他者側の外交官が「構成主義」の名のもとに妥協を重ね、「共通世界」の構成を試みること、そうした時間のかかる交渉を通じた世界の構成に向かうことなく平和に到達することはできない、とラトゥールは語るのである。

こうした議論を新しい世界構成のために有益な方法の提案とみるか、手の込んだレトリックを駆使した空虚な手続き論とみるかは読者の判断に任されよう。しかし単一的な近代的自然を楯に世界を普遍化しようともくろんだ西洋近代への批判はラトゥールだけのものではない。たとえば、近代化を被った他者の立場からユニークな世界論を展開した詩人哲学者エドゥアール・グリッサン(一九二八—二〇一一)である。カリブ海に浮かぶフランス領マルティニク島に生まれた黒人作家グリッサンは、近代化のプロセスのなかで大西洋において展開された奴隷貿易の結果生じたアメリカスにおける文化混淆の時空を、クレオール化と捉える。それは出自の異なる文化の強制的、暴力的混淆である。すなわちアフリカからプランテーション労働力としてアメリカ諸地域に連行された諸部族は自らの言語、宗教、習慣すべてを剥奪され、プランテーション経営者である宗主国ヨーロッパの文化システムのなかで生きることになった。そこで生じたのがクレオール語であり、クレオール文化である。そこに生きる民は複数の文化がリゾーム状に構成された複数的なアイデンティティを特徴とする。むろんアフリカの痕跡は抑圧されたのであり、その構成は公平なものではない。しかしそこに形成される世界の姿は、西洋的「一者」の普遍的原理の君臨とは異なった様相を示す。グリッサンは近代化がもたらしたグローバリズムという帝国主義と対比させて、こうしたクレオール化の視点から俯瞰される世界を〈全-世界〉Tout-monde と名付ける。「〈全-世界〉。それは、私たちが住む諸地域についての既知の所与と未知の所与のすべてが取り込まれることによって実現する全体であり、それらの所与が私たちを無限に満たしているという感覚である。世界を構成するどんな小さな要素も他のものと取り替えられないという確信。私たちは世界の捧げものであるそうした要素を、舞台に掛ける。[*4]」グリッサンは「全-世界」の様相を、グローバリズムの整然としたシステム性と対極的な「カオス」であると論じ、そのカオスを肯定的に捉えようとするのだが、そうしたグリッサンの世界観は、ラトゥールが「戦争」を経て構成しようとす

＊4　エドゥアール・グリッサン『ラマンタンの入江』（立花英裕・工藤晋・廣田郷士訳、二〇一九年、水声社）、八八頁。

る「共通世界」のビジョンとそう遠いものではないように思われる。では、その共通世界とはどのようなものなのか？

ラトゥールは『地球に降り立つ　新気候体制を生き抜くための政治』[*5]において本書の議論を引き継いでいるように思われる。彼はそこで「共通世界」のビジョンの提示へと踏み込み、「ローカル」や「グローバル」と一線を画す「テレストリアル」Terrestrial（大地、地上的存在、地球）という概念を導入する。「テレストリアルは大地や土地に結びついている。またテレストリアルは世界化（世界とつながる）の方法でもある。テレストリアルは境界を持たず、すべてのアイデンティティを越える。[*6]」――こうした「テレストリアル」が「全‐世界」とかなり親近性の高いビジョンであることにグリッサンの読者は即座に気づくのではないだろうか。さらに、テレストリアルとは人間が非人間的事象とともにその構成に向かう政治的なアトラクター（引力）として説明される。「とうとう私たちは紛れもない戦時体制に入った。［…］宣戦布告がなされ、その後は休戦状態が続いている。［…］この闘いは〈近代人とテレストリアルとの闘い〉と

＊5　ブリュノ・ラトゥール『地球に降り立つ　新気候体制を生き抜くための政治』（川村久美子訳、二〇一九年、新評論）。

＊6　前掲書、八六頁。

命名してよかろう。[*7]」このように見てくると、ラトゥールが標榜する「好ましい戦争」とは、テレストリアルという共通世界の構成を目指す闘いであり、目指すべき平和はそこにあるのだということが理解されるであろう。

ところで「世界戦争」といえばもう一冊、ＳＦの古典が思い出されるかもしれない。Ｈ・Ｇ・ウェルズの *The War of the Worlds* である。[*8] ご存じのように、地球を襲った火星人は最後に地上のウィルスに感染して死に絶える。火星人を「近代主義推進者」、地球人を「近代化に襲われる他者」あるいは「テレストリアル」と読み替えるとき、ウェルズのプロットは現代の状況にとってあまりにもリアルであろう。気候変動とコロナウィルスの脅威とともに生きる我々にとって、戦争ないし交渉すべき他者は人間だけではなく非人間も含まれていることの自明性が明らかとなった今日、ラトゥールの一連の問題提起は切実であり、われわれはテレストリアルの政治にむけて舵を切る決断が迫られていると言えるだろう。

＊7　前掲書　一三八頁。

＊8　邦訳に『宇宙戦争』（小田麻紀訳、二〇〇五年、角川文庫）がある。

最後になりましたが、以文社の大野真さんには訳語選択や訳注をはじめ、さまざまなアドバイスと支援をいただきました。本書は訳者と大野さんとの共同作品に他なりません。心より感謝いたします。

工藤　晋

解題

わたしたちの「外交官」とは誰か、わたしたちの「共通世界」とは何か

近藤和敬

1．ブリュノ・ラトゥールとは誰なのか

ブリュノ・ラトゥール（Bruno Latour 一九四七— ）はフランスの人類学者だが、彼の著作の範囲は人類学にとどまらず、社会学、科学技術論など多岐にわたりながら、それらが全体としてひとつの思想を成しているという意味では、むしろかつてのレヴィ＝ストロースを彷彿とさせる人物でもある。人類学者の側面としては、特に初期の著作であるスティーヴン・ウルガーとの共著、『実験室の生活——科学的事実の社会的構成』や『科学が作られているとき——人類学的考察』がいわゆる科学技術人類学という分野において多大な影響力を与えてきた。またそのなかでミシェル・カロンらの議論を展開させたアクターネットワーク理論（以下ANT。ただし理論と呼ばれるものの、実際には調査方法やその実践的心得といったほうが近いように思われる）が社会学の分野にまで影響を与えつつあり、ラトゥール自身も『社会的なものを組み直す——アクターネットワーク理論入

門』という著書において社会学と人類学を横断するような研究を展開している。哲学の方面においては、彼自身の議論の哲学的背景としてのM・セールからの影響（『解明 M・セールの世界—— B・ラトゥールとの対話』）という論点や、自身のANTの哲学的解釈として『存在様態探求——近代の人類学』を著していることで知られる。特に後者はいわゆる「思弁的転回」と呼ばれる一連の思想運動のなかで一定の影響を直接的に与えているのみならず（マニグリエ 二〇一六）、「思弁的転回」のなかで重要な一角を担い、独自の「対象指向型存在論 Object Oriented Ontology」を提唱するグレアム・ハーマンが、彼の哲学のなかに批判的な仕方でANTを取り込んでいることによって、哲学におけるラトゥールの重要性が知られている。

ラトゥールの思想は、久保（二〇一九）が明確に提示したように、これら三者の軸を「近代批判」という視点においてつなぎ合わせるところにその真の姿を現すと理解することができる。彼の近代批判はあらゆる著作で姿を変えながら幾度も登場することになるが、その根幹にあるのは『虚構の「近代」——科学人類学は警告する』における主張であり、英語版原書の題名でもある「We have never been modern＝わたしたちは一度も近代であったことはなかった」という主張に要約されていると考えられるだろう。この主張を簡単に言い換えることはいずれも読者をミスリードしかねないのだが、あえて言えば、わたしたち＝西洋人は、少なくともこの数世紀のあいだ近代を賛美し、近代化を様々な場面でたゆまず推進し、あらゆる困難を乗り越えてきたのだ、という自負は控えめにいって、事実誤認であり、近代化は未完のプロジェクトであるというものである。ラトゥールの思想のあらゆる場面に登場する彼の悪癖のようなものだが（このような癖は彼が偉大な思想家であることを証立ててもいるように思われるが）、彼の主張は常に両義的に読めるように、半ば意図的に、半ば非意図的に仕組まれている。すなわち先ほどの主張は、単に近代は未完であり、近代化はなお継続中であると読むこともできるが、同時に、それはそもそも始まってすらいなかったし、これから先にも決して始まることはないとも読みうるのである。彼の近代観の根本は、自然と文化の二項対立というものが近代によって宣言され、かつその二項化と純粋化が表面的には強力に推し進められる一方で、その裏面においてその両者の混交がいたるところで野放図に起こすようなシステムが近代だというものである。だから約束された近代は決して来ないことが、近代というシステムの初期設定によって決定されているということになる。

ある別の論稿においても少し書いたことがあるのだが（近藤 二〇一九：十三章）、ここでの「We＝わたしたち」は、実は両義的な仕方で読むことができる。この両義性は、ラトゥールの人類学者という自認と深く関わっているように思われる。人類学は、二〇世紀前半のB・C・マリノフスキーの仕事以来、近代社会とは異質な社会における長期滞在型の参与観察をその基本としてきた。また人類学黎明期の人類学者F・ボアズ以来、他なる文化を自分たちとは異質なものとして受け入れようという文化相対主義的な発想を人類学は培ってきた。だから、この「わたしたち」という語は、人類学者ではない普通の人が個々の文脈においてもちいる語とは異なる質感をともなっている。つまりここでの「わたしたち」の背後には、常に、その「わたしたち」から排除される「異質なもの」である「他者」が想定されており、その「他者」がその「わたしたち」という語を読む可能性に開かれているということである。

この「他者」が「わたしたち」という語を「わたしたち」と読む可能性に開かれていることと、彼の主張が常に両義的であることは本質的に関わっているようにわたしは思う。彼は、自分の文章を「他者」が読んだときにそれがどう読まれるのかということを常に考量しつつ、自分を含む（彼は人類学者であるがゆえに、自らが疑いの余地もなしに西洋人であるという強い反省的自覚をともなっているように読める）「わたしたち」がそれを読むときにどう読まれるのかということも戦略的にコントロールしているように思われるのだ。このコントロールの目的は、おそらく、「わたしたち」によって排除される「他者」との双方向的な歩み寄りによる相互理解と、それぞれにおける利害調整にあるのだろうが、本書での「外交官としての人類学者」という設定は、このような彼自身のレトリカルな文体そのものと共鳴していると言うべきだろう。

2．『諸世界の戦争』の要所

まず本書の出自についておさえておく必要があろう。本文末尾の謝辞にもあるように、ここで邦訳されている「諸世界の戦争」は、二〇〇〇年にステンゲルスらが主催したシンポジウムでのフランス語の発表原稿（これはユネスコの特別号のために用意された原稿である）をもとに、二〇〇二年に英訳によって単独で出版されるときに増補改訂された版を日本語訳したものである。大幅な改定の時期として二〇〇一年一二月と二〇〇二年四月が挙げられているが、これが意味しているのは、二〇〇一年九月一一日のいわゆるワールドトレードセンターがアルカイーダによって襲撃され、崩壊するというショッキングなニュースが世界を駆け抜けるという出来事が、この新しい版の文章には刻印されているということである。仏語版と英語版を詳細に比較したわけではないが、文章の量としてもそれなりに増量されているし、冒頭の九・一一への言及などは増補版で実際に書き足されている箇所である。しかしそれでも論旨の大きな部分は、二〇〇〇年のテキストのままであることも確認できる。

その意味でこの文章は、そのレトリカルな点も含めて半ば予言書的な側面をもたされていると言うことができるだろう。二〇〇〇年の段階では、いまだ比喩的な響きに（ドゥルーズの言葉を借りれば純粋な「出来事」の水準に）留まっていたであろう「諸世界の戦争」という概念は、九・一一によって早々に現実化されてしまった。一方的に西洋近代にたいして突きつけられた戦線布告によって、現にそこに戦争が存在することが白日のもとにさらされ、先進国はこぞって「テロとの戦い」を宣言するようになる。しかし「テロとの戦い」と言いながら、反近代、反先進国勢力との戦争を彼らが決して宣言しないこととの自己欺瞞は、まさにラトゥールが本文のなかで、近代主義者の自己批判と呼んで批判したものではなかったか。すなわち、「戦争など存在しません」と素知らぬ顔で言い続ける近代主義者の自己欺瞞である。戦争の存在が認められるというラトゥールの予言（もちろんラトゥールにとってそれは予言ではなく現状認識であるのだが）とは異なり、その後、実際に先進国は、戦争などあたかもなかったかのようにふるまい続け、二〇年かけてそれを「治安」の問題にすりかえてきた。平和はすでに成立しているのに、それを脅かすのはテロリズムであって、それを排除することが、平和を維持することに他ならないというわけだ。

ラトゥールが言うように、まずは戦争が存在することを認めることから始めるべきである。だが実際には、それすらなかなか難しいというのも事実だろう。しかしこの文章の日付から二〇年余りの時間が過ぎ、今度は「ウイルスとの戦争」が叫ばれるようになった現在（それを字義通りに受け取ることができないにもかかわらず）、事態はまた少しラトゥールの予言の方向に進み始めていることが露呈した。

ラトゥールの議論の要のひとつは、近代化のプロジェクトが自然科学と不可分に結びついているという理解にある。西洋近代的な自然観に基づく自然科学、すなわち、意味も価値もはく奪された単一かつ普遍的な自然こそが、多様な文化と価値と宗教的生を生きる人類の「統一性と共通世界」を可能にする唯一の審廷であるというものである。そのとき、自然科学は「逆らえぬ裁定者、想定されるあらゆる争いを高みから見下ろす調停者の権威」（本書四六頁）の地位になければならない。そして自然科学を裁定者の地位に置き続ける限り、「近代主義者たちは、ただ世界の治安を維持していたのであり、自分たちはかつて誰とも戦争をしたことはないと胸を張って言うことができた」（本書四七頁）のである。そうであったはずなのにもかかわらず、いまや自然科学は、政治的な厄介ごとになりつつある。

「ウイルスとの戦争」というミスリードな標語は、しばしば言われるように、実際には「人新世」的な兆候を帯びた出来事であると理解すべきである。人間の活動範囲が急速に拡大し、それまでとは異なる活動範囲にまでウイルスの活動範囲が広がることで、天敵などの制限条件が失われ急激に増殖したのだとすれば、それは根本的には気候変動による自然災害などと同じく、人類の活動規模の急激な拡大がその根本的な原因であることになる。そしてその理解が的を射たものであるとすれば、そのことが意味するのは、今後もおそらくはさらなる頻度によって、第二、第三のCOVID-19と遭遇するということに他ならない。なぜなら、人類が過去二〇万年のあいだ、一度も出会ったことのないウイルスなど、森林や山岳地帯のみならず、地下や水面下、氷床下にいくらでもいることが予想されるからだ。

しかしこのような事態のさなか、アメリカをはじめとしていくつかの国においては、近代科学の判断それ自体を括弧にいれる動きが出始めている。そしてこの動きは、自然科学を絶対的な裁定者として位置づけるヨーロッパ諸国の理念、すなわち「共通世界の建設」という理念それ自体からの離脱という動きと連動しているようにみえる（つまり「ウイルスとの戦争」の背後には「諸世界の戦争」が隠されているわけだ）。イギリスの欧州連合（EU）からのいわゆる「ブレグジット」やアメリカの世界保健機構（WHO）からの脱退宣言（これは二〇二〇年のアメリカ大統領選挙の結果次第では取り消される可能性もあるが）などはこの動きのなかで理解することができるだろう。つまり、ここでは、ラトゥールの期待（それでも「共通世界」の構成をあきらめてはいけないという期待）を込めた予言からは離れて、政治世界それ自体が、すでに多極化の様相を呈し始めているということである（この期待がユネスコという国連機関の雑誌への寄稿という形においては既定路線だということは確認すべきかもしれないが）。

ラトゥールがこれを書いている時点（二〇〇〇年、二〇〇二年）では、まさかアメリカが国連の担う近代化のプロジェクトと距離を取る日が来るなどとは誰も予想していなかったのではないか。自然科学という裁定者が、部分的にではあれ、裁定者としての位置づけから降ろされたことで、良し悪しは別にして、世界は間違いなく、比喩的ではなく複数のものに向かい始めている。それは、マイナーなものとして寛容にも多様性を認められただけの文化的価値的世界の複数性ではなく、メジャーなものとして自認してきた近代社会それ自体すらも、その内部において多極化し始めているということである。つまり、後でみるような「近代人」と「非近代人」のあいだの断絶が、近代社会の内部にすら引き入れられつつあるということである。

ここでもう少し、本書でのラトゥールによる「近代化」の概念を確認しておこう。

近代化や自然化に身を任せることは、なんらかの帝国主義への屈服や、なんらかの文化規範の意識的な模倣ではなく、理性によって把捉される自然に根差した、統一化のためのあきらかな根源に接近することを意味していた。この解決策は、共通世界の客観的根源に直接つながることであり、統一により近づくことであった（本書一九頁）。

もちろん、ここで言われていることをそのままラトゥールの主張として受けてはならないのであって、このように「近代化」を推進し、「近代化」を信仰する「近代人」は思考しているというように、「近代人」の思考をトレースできる、というのがラトゥールの主張である（このような距離の取り方に彼の人類学者としてのセンスが活きていることはすでにみたとおりである）。しかし、このような思考は、一面において、学問にかかわるリベラル層の大部分の思考を再現しているようにも思われる。その限りで言えば、「近代人」の思考というのは、これを読む読者の多くにとっては他人事で済ますことのできないものであるはずだ。

さらに言えば、この「共通世界の客観的根源」への接近は、西洋人と非西洋人のあいだに（そして先にもみたように、それは西洋人のなかでの近代人と非近代人のあいだにも）、彼らからみた「断絶」を生み出すことになる。それが、文化と意味と価値を、すなわち「民族」を生きる非近代人たる非西洋人と、一切の民族性を放棄した近代人としての西洋人という断絶である（ラトゥールはここではっきりとは書かないが、このように言うのが、むしろ西洋人の自民族中心主義だという反転はいまだなお可能であるように思われるが、それを彼らに説得するのはかなり困難だろう。なぜならそこには自らのものと言うことのできる文化なるものが定義上、漂白されているうえに、西洋人の文化的保守主義すらも西洋の非近代に含めることができてしまうからだ）。そしてその中心に置いて無意味かつ無価値な生を生きる近代人＝西洋人のために、多様な文化的意味と価値を供給すべく、ただし一切の存在論的なコミットメントを認めないという条件付きで、あらゆる文化の相対性と多様性が擁護されるというのである。したがって、そのかぎりで単一自然主義と多文化主義は同じ「近代化」の両面に過ぎないことになる。

しかし、このような近代人による近代への見取り図が一面的に過ぎるということは、いまでは容易に理解できるかもしれない。たしかにこの見取り図が何の問題も引き起こさず、現実を反映させているのなら、決して九・一一はなかったし、その後に続くＩＳの大混乱もなかっただろう。したがって、この見取り図はやはりどこかで現実と乖離しているとみるべきだろう。これにたいして、ラトゥールは、このような「近代」ないし「近代化」は、歴史上の概念、すなわちひとつの解釈項に過ぎないと述べることになる。

近代主義とその歴史はさまざまに解釈されようが、私は、「近代主義」とは西洋が関与した出来事についての時代遅れの一解釈とみなすのが一番だろうと確信するようになった。つまり、トクヴィルやフランソワ・フュレにとってフランス革命が革命的にはみえなかったように、西洋は決して近代的ではなかったのだ。近代主義とは、出来事にたいする、ときとしてまったく相反するさまざまな動機からうまれた極端に偏った解釈に他ならない（本書三三―三四頁）。

そうだとすれば、どこまで戦線は後退するべきかということが次の問題になる。近代主義が単なる歴史上の解釈に過ぎないのだとして、どこまで非を認めるべきなのか、というのが次の論点になる。ラトゥールはここで、この数世紀のあいだに西洋人と諸々の近代人たちが地球上で行ってきたことが、人類の普遍的進歩という名のもとでの救済ではなく、「戦争」であったことを認めるべきだと言う。そこには実際のところ、西洋および近代人が主張していたような自然科学という絶対的裁定者がいたわけではなく、その背後には武力と暴力を行使した実質的戦争行為があったということである。このことは日本という社会に生きるものにとっては二重によく知るところであるだろう。すなわち、まさに明治維新において西洋とのアンビバレンツな関係のなかで近代化を否応なしに、かつ暴力的な仕方で上意下達によって押し進め、その状況にたいして多くの哀しみとともに適応せざるを得なかったという経験と、そのトラウマを今度は韓国、台湾、中国、南洋諸島、東南アジアに対して再現し、自分たちがまさにやられたようにやることをためらわなかったという経験によって、である。

しかし、後退するのはここまでだ、すなわちそこに「戦争」があったし、未だその「戦争」は終結していないという理解にいたるまでだとラトゥールは言う。「共通世界」の建設という近代ヨーロッパの根本理念それ自体は諦めるべきではないし、その結果到来するはずの全面的平和、すなわちカントが言うような「永遠平和」も諦めるべきではないと彼は言うのである。

これから先、私たちが卑屈に身をかがめて普遍性という約束の地を放棄することになれば、西洋史全体はまったく無益だったことになるだろう。数世紀にわたる理性への奉仕者の末裔である私たちは、私たちの祖先の目にどのように映るだろうか。ただひとつの共通世界に生きるという価値あるゴールを断念してしまいましたと、恥もなく彼らに報告できるだろうか。責められるべきはその最終ゴールそのものではない(本書四九―五〇頁)。

自然(=自然科学)が最終的な裁定者の地位から降りるということが、多自然主義の到来の標であるというのがラトゥールの解釈であり、そこから人類学の存在論的転回が生じると言う。つまり、多自然主義とは、世界をどのように表象するかという単なる見かけ上の問題ではなく、多文化主義のなかでその価値だけを擁護された諸民族が、西洋とどのように外交的に和平交渉するかというの実践的な問題だということになる。多自然主義ということは、つまりそのときの外交交渉の基本線が、ベースとしての近代社会システムの導入を前提として、そのうわべ、あるいは部分システムとして民族的価値を保存するという線にはおかれないということである。ということは、つまり近代社会システムを導入するための概念的コストである、人権、民主主義、所有権、労働観、法、政教分離といったものも必ずしも導入しないかもしれない、という条件のもとで交渉すべきだと言っていることに他ならないことになるだろう。もし領土という近代社会システムの概念を放棄しないのであれば、たとえば中南米や東アジアの状況においては、領土内に一種の無政府状態の自治区域を認めなければならなくなるかもしれない、ということでもある。したがって、多自然主義および存在論的転回とは、根本的に政治的な概念だということになるだろう。

そしてラトゥールは、人類学者は、この複数の諸世界のあいだの戦争が存在することが認められた後では、その外交交渉のための外交官としての役割を果たすべきだと言う。外交官がなすべきことは、自然科学が担ってきたような絶対的第三者の立場に立った調停や裁定ではなく、具体的かつひとつひとつ異なる和平交渉であり、そのために必要なものの何が双方において理解されておらず、逆に何が双方で理解されているのかということを明確にすることである。そして、そのための手段としての立場は「構成主義」と呼ばれるものしかないだろうと彼は言うのである。たしかに、いかなる普遍的な裁定者も認めないのであれば、それら相容れない双方が、どのような過程において作られてきたのか、ということから互いに理解する以外に道はない。そして、ラトゥールが一縷の望みをいまだなお捨てない理由も、この「構成主義」の可能性にあるのだろう。西洋の歴史が生み出してきた「構成主義」という立場こそが、おそらく唯一、「共通世界」へいたるための和平交渉を可能にするのであり、「永遠平和」を実現するために働く「外交官」がとるべき立場であることになる。

3. いくつかの批判的読解――いたるべき「共通世界」とは何か

ここからは以上のようなラトゥールの議論を受けて、もう少し批判的な観点から彼の議論を読み解いていこう。

まず考えるべきことは、自然科学的なものに実在の唯一の相関者としての立場を認めないという多自然主義＝存在論的転回の含意についてである。つまり、そのような設定においては、「現実」が何から構成されていると考えるべきか、という問いである。自然主義下において、現実は自然科学が認識するものによって構成されているのであり、自然科学が認識するものが「現実」である、ということは容易に理解することができる（なぜ容易に理解できてしまうのか。それは、そのような理解が半ば近代人であるわたしたちにとっての「公式見解」［＝公的なドクサ］に他ならないからだ）。そしてそれ以外のことは、文化的な規約あるいは信念である。信念は多くの場合、教育や制度によって変更、強制可能であり、多くの場合そこに価値と呼ばれるものは位置づけられる。ここでは明確に自然と文化が二項化され純化される傾向にある。

では、多自然主義下においてはどうか。その場合、自然科学は、現実を構成する多くのファクターのうちのひとつになるだろう。もう少し言えば、自然科学という大文字の実体はもはや存在せず、自然科学に属するデータ、認識、それらに対する心理的構え、教育的規範、もろもろの実験装置やその操作技術、技術者たち、実験装置を生産する工場の生産ラインやその企業の収益率や株価といった諸々のアクターが絡まり合いながら半ば自律的に見える仕方で運動しており、それらのそれぞれが、自然科学とはもはや関係ないとみなされるような政治的、経済的、文化的、宗教的なアクターともつれ合いつつ現実を構成するファクターとして働くということである。多自然主義下における「現実」は、もはや客観的かつ普遍的な「現実」ではなく、わたしたちが実際に生きているところの、主客のはっきりしない、より曖昧な「現実」に近いものになる。

この多自然主義下における「現実」は、私たちの身体、すなわち皮膚、臓器、神経組織、脳、筋肉組織、骨格といったものによっても（もちろんそれだけではない）その多くの部分が構成されている。つまり、私たちの信念と呼ばれるものは、このような身体とも不可分に結びついているのであって、信念と身体（同時に物体でもある）は相矛盾する何かや、カテゴリーの異なる明瞭に分離された何かではない。私たちが何かしらを理解するということは、そのように自らの行動を制御するということであり、行動を制御するということは、実のところ他の仕方で行動する可能性を縮減するということでもある。そして、多くの場合、その原因がどのようなものであれ、多数の人間の行為が共起するとき、そこに何事かが生じることになる。なぜなら、わたしたちの身体とは実際には物体であり、この世界において「出来事」を現実化するポテンシャルをもった何ものかに他ならないからである（いわゆる「デモ」に意味があることは、ひとつはこのことによって説明することができる）。

このことが意味しているのは、「現実」とは、信念を含む思考と物体の双方の混生体であるということである。もっとはっきり言えば、多自然主義下における「現実」を構成する混生体とは、様々な度合いの混生体であって、思考や物体というのは、その混生体を構成する傾向性を無限に引き延ばすことで純化したものに他ならない。目の前にある紙幣は、わたしの信念と物体（身体）との混生体としてそこに紙幣として存在する。そこにおいてもはや社会と個人という腑分けさえ、曖昧なものにならざるをえない。G・タルドがかつて論じていたように、個人のなかにはすでに社会が入り込む仕方で、個人は社会を構成することになるだろう。

そうだとすれば、文化や価値、あるいは宗教さえも、社会を構成するアクターとして「現実」の構成に参入してくることになるだろう。そして多自然主義の設定においては、個々に作動する近代社会システムというのは、ある地理的な存在者だということにならざるをえない。したがって最初の暴力はそれを普遍者に仕立て上げ、人類共通の未来を彼らが勝手に描き始めたことにある、ということになるだろう。

この数世紀のあいだ、もし近代化への従属が絶対条件でなかったならこの世界はどうなっていただろう、ということを考えてみる必要がある。そのとき果たしてわたしたちは、ラトゥールの言う「共通世界」の建設という西洋の崇高な理念にたいして全幅の信頼を置くことができるだろうか。おそらく、できると答える人もいれば、できないと答える人もいるはずだ。戦争があるのだとしても、なぜ交渉しなければならないのか、ということから始めなければならないのではないか。本当に彼らが言う意味での和平交渉のテーブルに座る必要はあるのだろうか。ラトゥールが「共通世界」という理念を掲げた西洋の外交官であるならば、そもそも「共通世界」の建設を求めないものたちの外交官とは誰なのか。そして、ラトゥールはそのとき一体誰と交渉すればよいのだろうか。

もちろん、自分の背後にいる同胞を説得するということは、当面のところ最重要な事柄かもしれないが、実際にその説得が功を奏するかどうかは、彼が誰と交渉するかによるのではないか。しかし果たして、彼が交渉すべき相手には、外交官なるものがいるのだろうか。彼の側が一方的に外交官として解釈する交渉相手がいたとして、そのものとの交渉が、「共通世界」を求めるものたちにとっての「和平交渉」であることの保証はどこにあるのだろうか。

そもそも和平とは何か。何をもって「和平」が成立したとみなすのか。たとえば、交渉にやってきた異邦人がとりあえず満足して無事に帰りもう来ないことが「和平」であるようなものにたいして、どのような共通の「和平」がありうるのか。

たしかにこの難問に数世紀前の西洋は直面したのだった。そしてその解答が武力による圧倒と人権と自然科学の両面による自己弁護、自己正当化、自己欺瞞だったわけだ。しかしラトゥールはこのような近代化のプロセスが誤りであったことを認めようと言う。そうだとすれば、どのような代替手段がありうるのか。少なくとも、目指すべき「和平」と呼ばれるものが何であるのか、というところから再交渉する以外に道はないように私には思われる。そしてそのときには、おそらく人間たちのあいだの和平だけではなく、人間と非人間のあいだの和平もまた考慮せざるをえなくなるだろう。「和平」が停戦を前提とするかぎり、戦争があるところにはどこでも和平交渉の必要性があるわけだが、ワディウェルが指摘するように、人類の最も古い戦争のひとつを動物との戦争に見出し、近代社会システムの構成をひとつの戦果として理解するのであれば、「和平交渉」はそこまで遡って考えないかぎり、新たな自己欺瞞を生み出す結果にしかならないからだ。

ともあれ、このような批判的な読みは、すでにラトゥール固有の両義性のうち、近代人の側での読みに引きずられすぎているかもしれない。実際ラトゥールは、西洋近代人にたいしては、彼らの先祖が確立しようと試みたものとして「共通世界」に言及している。そのかぎりでは、わたしのここでの批判的読解にはそれなりに意味がある。しかしその一方で、「共通世界」ということで彼が本当のところ何を考えているのか、ということ自体は、おそらくは敢えて明らかにはされていない。つまり「共通世界」がどのようなものであるのか、ということについては、ラトゥール自身においても（少なくともこれを書いている時点では）いまだ開かれた問いだということである。ここで拙速にそれを近代的理念としての「共通世界」と同じものだと考えてしまうこと自体がミスリードかもしれないのである。

まずはここでそれぞれが考えてみるべきは、自然主義という普遍的均質性を裁定者としないような「共通世界」がどのようなものであるのかということである。自然主義下において「共通世界」を考えることに慣れすぎているわたしたちは、まずはこの可能性を前にして恐れ慄かなければならない。たとえばこのことは「日本社会」なるものの存在を疑わないものたちにたいして、そのような「均質化」の背後にある自然主義的設定を意識させることになるだろう。そもそも日本と呼ばれる国家の領土に生きる多種多様な人間たちがひとまとまりのものとして考えることができるためには、そこに存在する多様で曖昧な多自然主義的「現実」を否認し、近代的な自然主義的「現実」を生きるべく、行政的権力によって訓育されてきたのでなければならない（中央対地方という多くの議論が暗黙裡にこれを前提している）。そのときもはや日本の近代化の歴史なるものもこれまでとは異なる観点で論じられることになるだろう（このような観点から読むべきものは多数あるが、中里介山の長編小説『大菩薩峠』、および今村 一九九六、西世 二〇一九によるその読解を参照されたい）。

ラトゥール自身の議論の方向に与するにせよ、そうでないにせよ、いずれにしてもまずはこの多自然主義的な「共通世界」の想像し難さを存分に味わってみることが必要であるだろう。和平交渉に入るはその後でもまだ遅くはないように思われるのだ。

参考文献

今村仁司『「大菩薩峠」を読む』ちくま新書、一九九六年。

久保明教『ブルーノ・ラトゥールの取説』月曜社、二〇一九年。

近藤和敬『〈内在の哲学〉へ――カヴァイエス、ドゥルーズ、スピノザ』青土社、二〇一九年。

セール、ミシェル（梶野吉郎、竹中のぞみ訳）『解明 M・セールの世界――B・ラトゥールとの対話』法政大学出版局、一九九六年。

タルド、ガブリエル（池田祥英、村澤真保呂訳）『模倣の法則』河出書房新社、二〇一六年。

西世賢寿『路上の映像論――うた・近代・辺境』現代書館、二〇一九年。

ハーマン、グレアム（上野俊哉訳）『非唯物論――オブジェクトと社会理論』河出書房新社、二〇一九年。

マニグリエ、パトリス（近藤和敬）「形而上学的転回？――ブルーノ・ラトゥール『存在様態探求 近代人の人類学』について」『現代思想』四四巻五号、九八－一一二頁、二〇一六年。

ラトゥール、ブルーノ（川崎勝、高田紀代志訳）『科学が作られているとき――人類学的考察』産業図書、一九九九年。

ラトゥール、ブリュノ（伊藤嘉高訳）『社会的なものを組み直す――アクターネットワーク理論入門』法政大学出版局、二〇一九年。

ラトゥール、ブルーノ（川村久美子訳・解題）『虚構の「近代」——科学人類学は警告する』新評論、二〇〇八年。

ワディウェル、ディネシュ・J（井上太一訳）『現代思想からの動物論——戦争・主権・生政治』人文書院、二〇一九年。

Bruno Latour, Steve Woolgar ; introduction by Jonas Salk, *Laboratory life : the construction of scientific facts*, Princeton University Press. 1986.

Bruno Latour, *Enquête sur les modes d'existence : une anthropologie des modernes*, La Découverte, 2012.

著　者

ブリュノ・ラトゥール（Bruno Latour）

1947年フランスのボーヌ生まれ．哲学者・人類学者．現在，パリ政治学院のメディアラボ並びに政治芸術プログラム（SPEAP）付きの名誉教授．専門は科学社会学，科学人類学．主な著書に『科学が作られているとき――人類学的考察』（川崎勝・高田紀代志訳，産業図書，1999年），『科学論の実在――パンドラの希望』（川崎勝・平川秀幸訳，産業図書，2007年），『虚構の「近代」―― 科学人類学は警告する』（川村久美子訳，新評論，2008年），『法が作られているとき―― 近代行政裁判の人類学的考察』（堀口真司訳，水声社，2017年），『近代の〈物神事実〉崇拝について――ならびに「聖像衝突」』（荒川直人訳，以文社，2017年），『社会的なものを組み直す――アクターネットワーク理論入門』（伊藤嘉高訳，法政大学出版局，2019年），『地球に降り立つ――新気候体制を生き抜くための政治』（川村久美子訳，新評論，2019年）などがある．

訳　者

工藤晋（くどう・しん）

1960年生まれ．翻訳家，都立高校教諭．関心領域はカリブ海文学，比較詩学．最近の翻訳・論文に，エドゥアール・グリッサン『ラマンタンの入江』（共訳，水声社，2019年），ティム・インゴルド『ラインズ　線の文化史』（左右社，2014年），「痕跡からの創造 ――グリッサンの詩学とマルティニクの音楽」（立花英裕編『クレオールの想像力　ネグリチュードから群島的思考へ』水声社，2020年に収録）などがある．

解　題

近藤和敬（こんどう・かずのり）

1979年生まれ．大阪大学大学院人間科学研究科博士後期課程単位取得退学．博士（人間科学）．現在，鹿児島大学法文学部准教授．専門は現代フランス哲学．著書に『構造と生成1 カヴァイエス研究』（月曜社，2011年），『〈内在の哲学〉へ―カヴァイエス・ドゥルーズ・スピノザ―』（青土社，2019年），『ドゥルーズとガタリの『哲学とは何か』を精読する ――〈内在〉の哲学試論』（講談社，2020年）がある．

諸世界の戦争 ―― 平和はいかが？

2020年10月15日　初版第1刷発行

著　者　ブリュノ・ラトゥール

訳　者　工　藤　晋

発行者　大　野　真

発行所　以　文　社

〒101-0051 東京都千代田区神田神保町 2-12

TEL 03-6272-6536　　FAX 03-6272-6538

http://www.ibunsha.co.jp/

印刷・製本：中央精版印刷

ISBN978-4-7531-0359-1